안셀무스

기독교에 이성을 접목한 사상가

차례
Contents

철학자 캔터베리의 안셀무스와의 만남

세월의 유수함을 망각한다는 것은 분명 인간이 지닌 축복입니다. 그러나 이러한 점을 인식하는 순간 우리는 그 축복으로부터 멀어집니다.

청운의 꿈을 안고 철학의 나라로 불리는 독일로 철학을 공부하려고 간 지 3년 정도가 지난 시점이었을 것이다. 이국에서의 3년이란 세월은 언어와 문화적으로 어느 정도 그 나라에 적응하고 안정을 찾을 수 있는 기간이라고 생각한다. 또한 모든 것에 대해서 어느 정도 자신감을 가지고 행동을 하는 시기이기도 하다. 자신감은 모든 것을 가능하게 하며, 목표를 향해서 거침없이 나아가게 하는 원동력이라고 했던가? 그래서 이시기에 대다수의 유학생들은 그들의 최종 목표인 학위 취득에 대한 대단한 자신감과 더불어 희망에 찬 계획을 세우곤 한다.

나 또한 예외는 아니었나 보다. 한국에 있을 때부터 중세 철학에 대해 막연한 동경심을 가지고 있던 터라 먼저 중세에 관련된 주제를 찾고자 노력을 했다. 그러나 고전어들인 라틴 어와 그리스어에 대한 막연한 공포감에서 벗어나지 못했기 때문에 고전어들이 필요 없다고 생각한 현대나 근대에 관련된 인물이나 주제를 찾으려고 했다. 이 시기에 접한 강의는 다른 생명체들은 갖고 있지 않은 인간의 특수성에 대해서 연구하는 분야인 '철학적 인간학'이었다. 이 분야에 잠시 매료되어서 인간과 관련된 여러 방면의 개론서도 읽어 보고 자료도 모았다. 하지만 왠지 이 분야는 외울 것이 많아서 덜 철학적이라는 막연한 생각이 들어 '철학적 인간학'에 대해 점차 흥미를 잃기 시작했고, 좀더 사색적인 다른 철학 분야를 찾기 시작했다.

학문에 대한 막연한 자신감의 정점은 정통 독일 철학을 해야 한다는 신념으로 나타났다. '독일에서 독일 철학을 하지 않는 것은 비겁한 행동'이라는 어처구니없는 생각을 하기에 이르렀다. 그래서 몰두하게 된 철학자가 바로 영원한 세계 평화의 수호자인 위대한 철학자 칸트I. Kant였다. 대학 학부 시절 칸트에 관한 강의에서 들은 『순수이성비판』이란 책이 가장 먼저 떠올랐다. 굉장히 어려운 책으로 알려진 『순수이성비판』부터 읽어야 한다는 막연한 의무감이 생기면서 이 책을 탐독하기 시작했고, 마침 그때 개설된 칸트의 『순수이성비판』 강의를 강독하는 초보자 세미나에도 참석하게 되었다.

그 세미나에서는 참가하는 모든 학생들이 의무적으로 발표를 했어야 했는데, 나는 신청을 미루고 있었기 때문에(사실은 짧은 독일어 실력으로 발표를 해야 하는 엄청난 부담감으로 인해) 마지막 발표 주제인 신앙의 문제를 어쩔 수 없이 맡게 되었다. 그리고도 발표가 한 주씩 밀리기를 마음속으로 빌었다.

그러나 요행만을 바라고 있을 수는 없었다. 그래서 발표 주제와 관련된 문헌을 찾기도 하고, 담당 교수와 발표 주제에 대해서 간단한 논의를 하기도 했다. 그때 논의한 주제가 바로 안셀무스의 유명한 '존재론적 신神존재 증명'에 대한 칸트의 비판이었다.

'존재론적 신존재 증명'이란 캔터베리Canterbury의 성 안셀무스Anselmus(1033~1109)가 인간의 이성에 입각해서 신을 증명하는 새로운 형태의 논증인데, 칸트가 '존재론적 신존재 증명'이라고 이름 붙였다. 칸트의 '존재론적 신존재 증명'에 대한 비판을 발표할 중심 주제로 정하면서 자연스럽게 안셀무스의 '존재론적 신존재 증명'에 대해서 먼저 공부를 하게 되었고 어느 정도 흥미를 갖게 되었다. 이것이 바로 안셀무스라는 '스콜라 철학의 아버지'라 부르는 철학자를 만나게 된 동기이다. 물론 이때까지만 해도 나와 안셀무스와의 질긴 인연이 시작되리라고는 전혀 예상하지 못했다.

이렇게 목표를 설정하기 위해 학문적으로 방황하는 동안 시간은 나를 기다려주지 않았다. 어느덧 3년이란 세월이 흘러갔고, 세월의 유수함도 깨닫게 되었다. 이제 더 이상 목표를 정하기 위해 방황하고 있을 수는 없었다. 책상 위에는 세미나 발표 후에 그대로 내팽겨쳐둔 안셀무스와 관련된 문헌들이 어지럽게 흩어져 있었고, 그것을 본 순간 머릿속에서 '운명'이란 단어가 떠올랐던 것 같기도 하다. '내가 독일에 유학 온 이유가 무엇이었나? 중세 철학에 대한 관심이 아니었나? 그런데 이 순간 내 앞에 있는 철학자가 누구인가? 바로 중세 스콜라 철학의 아버지인 안셀무스가 아닌가!' 이러한 생각이 들면서 안셀무스와 운명적이고도 진정한 만남을 갖게 되지 않았나 싶다.

안셀무스의 사상사적 맥락

철학 사상의 전통적인 흐름에는 커다란 기둥이 두 개 있다고들 한다. 바로 고대 그리스의 철학자인 플라톤Platon과 그의 제자 아리스토텔레스Aristoteles이다. 플라톤은 이상국가 건설에 대한 신념으로, 그리고 아리스토텔레스는 정복자 알렉산더 대왕의 스승으로 우리에게 잘 알려져 있다. 아니면 플라톤은 이상주의를 대표하는 철학자로서 그리고 아리스토텔레스는 현실주의 혹은 실제적인 것을 추구하는 철학자로 알려져 있다.

그러한 모습은 바티칸 박물관이 소장하고 있는 르네상스 시대의 화가인 라파엘로의 유명한 그림 「아테네 학당」에서도 잘 드러나 있다. 이 그림은 아테네 학당으로 나란히 걸어 들어오는 플라톤과 아리스토텔레스를 그려 놓았는데, 플라톤은 오

라파엘로의 「아테네 학당」

른손을 들어 이상을 상징하는 하늘을 가리키는 백발의 노인으로, 아리스토텔레스는 반대로 현실과 경험을 상징하는 땅을 가리키고 있는 젊은이로 그려 놓았다.

근대의 대표적인 문학가이자 사상가로 우리에게 잘 알려진 프리드리히 슈레겔F. Schlegel의 "사람은 누구나 태어나면서부터 플라톤주의자가 되든지, 아니면 아리스토텔레스주의자가 된다"라는 표현에서도 잘 드러나듯이, 서양에는 플라톤과 아리스토텔레스라는 두 개의 사상적 뿌리가 있다.

일반적으로 플라톤과 아리스토텔레스 이후의 철학자들의 사상을 이야기할 때 제일 먼저 고려하는 것이 두 철학자들 중 누구의 영향을 많이 받았는가 하는 질문일 것이다. 안셀무스 또한 예외는 아닐 것이다. 그러나 아쉽게도 안셀무스 스스로가 플라톤이나 아리스토텔레스에 대해 직접 언급한 바는 없다.

하지만 안셀무스는 그보다 반세기 전에 살았던 플라톤주의 자인 성 아우구스티누스Augustinus에게 지대한 영향을 받았다. 안셀무스가 아우구스티누스의 영향을 받은 증거는 그의 대표 작인 『모놀로기온』의 서론부에서 스스로 아우구스티누스를 스승으로 지칭하고 있으며, 그의 저작이 아우구스티누스의 저작, 특히 『삼위일체론』과 매우 흡사함을 분명하게 밝히고 있는 데서도 잘 알 수 있다. 아우구스티누스의 사상의 영향을 많이 받았다는 점에서 안셀무스는 간접적으로나마 분명 플라톤 철학에 뿌리를 두고 있다고 할 수 있을 것이다.

뿐만 아니라 안셀무스가 플라톤의 영향도 받았다는 것을 짐작할 수 있게 하는 점은 그의 글 쓰는 형식이 플라톤의 글 쓰는 형식인 대화법과 상당히 비슷하다는 것이다. 그러한 점은 특히 진리론에 관한 그의 저서들에서 뚜렷하게 나타나고 있다. 안셀무스가 진리론에 관해 다루고 있는 작품들에서 대화 형식의 저술 기법을 볼 수 있는데, 이 대화 형식이 갖는 주된 특징은 미리 목표를 정하고 그 결과에 도달하기 위해서 스승과 제자가 서로 대화를 주고받는 형식으로 이루어져 있다. 말하자면 안셀무스의 대화록들이 갖고 있는 기본 형식은, 플라톤의 전기 대화편에서와 마찬가지로 스승이 질문을 하고 제자가 답변을 하는 형식으로 이루어져 있다는 것이다.

물론 플라톤의 대화편에서 나타나는 대화 형식과 안셀무스의 대화록에서 나타나는 대화 형식에는 분명한 차이점이 있음을 간과해서는 안 된다. 예를 들면, 플라톤이 그의 대화편들에서 사상을 전개하는 형식은 언뜻 보아서는 대화의 뚜렷한 목적이나 결론이 없는 듯 보인다. 그래서 우리는 그의 대화편을 끝까지 종합해서 보지 않으면 그 대화편에서 그가 의도하는 바를 알 수가 없다. 그러나 안셀무스의 대화편은 플라톤의 대화편들과는 달리, 개별적이고 구체적인 질문을 제기한다. 또한 그에 대한 답변이 바로 제시된다. 이러한 대화의 형식이 그의 대화편의 전체를 이루고 있다. 그러나 물론 전체적인 맥락에서는 초반부에 그 대화편에서 다루고 있는 질문을 제시하고, 계속되는 질문과 답변을 통해서 마지막에는 그가 의도한 대답, 즉 결론으로 이끌어 나가는 형식을 취하고 있다.

그리고 안셀무스의 대화편에서 질문과 대답을 주고받는 과정은 문제를 제시하고 해결하는 것이다. 안셀무스의 대화 형식은 그의 사고 형식이다. 자신의 인식론이나 진리론을 확립하기 위해서 그는 스스로 이야기하고 독백하는 것이다. 이러한 안셀무스의 저술 기법으로서의 대화 형식은 형식적인 면에서는 플라톤의 서술 기법을 취하고 있으며, 내용적으로는 아우구스티누스의 주저들인 『고백록』과 『삼위일체론』 등의 서술 기법인 독백하는 형태를 취하고 있다. 그리고 이러한 저술 기법 이외에도 안셀무스의 사상에는 플라톤적인 요소들이 많이 들어 있다.

어떤 사람은 안셀무스의 사상을 신플라톤주의와 연결하기도 한다. 사실 플라톤과 신플라톤주의를 구별하는 것은 상당히 어려운 문제이다. 왜냐하면 신플라톤주의의 뿌리는 분명 플라톤 사상에 놓여 있기 때문이다. 물론 신플라톤주의 사상은 플라톤 사상의 부족한 면을 보완하는 성격이 매우 강하다. 플라톤은 기본적으로 세상을 이원론적, 즉 두 개의 세계로 나누어서 바라보고 있다. 하나는 참된 세계로서의 이데아의 세계이고, 또 다른 세계는 우리가 현재 잠시 머물고 있는 거짓된 세계로서 현실 혹은 현상 세계이다. 그리고 이 두 세계는 서로 단절되어 있다.

그러나 신플라톤주의자들은 이 단절된 두 세계에 다리를 놓고자 한다. 말하자면 신플라톤주의자는 플라톤과는 달리, 현상과 진리 사이에 있는 담이 그리 높지 않다고 보았다. 인간은 항상 두 세계의 중간에서 두 세계를 자유로이 넘나들 수가 있다. 인간은 현상의 세계에서 참된 존재의 세계인 진리로 나아가는 중간 단계에 있다. 그래서 신플라톤주의자들에게는 현상 세계에서의 진리에 대한 끝없는 열정 내지는 추구가 무엇보다 중요하다. 진리에 대한 열정 또는 추구가 바로 인간을 진리의 세계에서 멀어지지 않게 하는 열쇠이기 때문이다. 진리를 추구하는 한 인간은 항상 현상 세계에서 진리의 세계로 나아갈 수 있으며, 결국에는 현상 세계에서 참된 진리의 모습을 발견할 수 있다는 것이다. 이것은 진리가 현상 세계에 있었지만, 인간이 외적인 감각 능력의 불완전함을 알지 못하고, 그러한 감각에만 의존함으로써 진리를 보지 못했던 무지함을 알고, 내면의 세계로, 즉 감각이 아니라 정신의 눈으로 현상 세계를 봄으로써 참된 존재가 드러난 현상이 진리와 다르지 않음을 인식할 수 있다는 것을 뜻한다. 그것은 바로 진리와 현상이 서로 다르지 않고 동일함을 의미하는 것이다.

신플라톤주의자들은 그러한 '동일성(단일성, unum)'을 찾고자 하며 또한 강조하고 있다. '동일성(단일성)'의 문제는 우선 신플라톤주의의 대표자로서 우리에게 잘 알려진 플로티노스Plotinus에게서 잘 나타나고 있으며, 신플라톤주의자들인 마리우스 빅토리누스Marius Victorinus와 아우구스티누스 등을 거쳐서 안셀무스에서도 나타난다.

신플라톤주의가 갖는 가장 큰 특징은 '하나(일자)'와 '다수(현상)' 간의 관계 속에서 서로가 구분되지 않고 동일(통일)하다는 것을 밝히는 데 있다고 할 수 있을 것이다. 말하자면 '하나'가 '다수'를 포함하고 있으며, 그것이 현상 세계에 '다수'로 드러나는 것이므로, 둘은 본질적으로 서로 다르지 않다는 것이다. 그래서 항상 신플라톤주의자들은 현상 세계에 감추어져 있는 '하나(일자, 진리)'를 찾고자 노력한다. 그들의 사고의 일반적인 특징은 인간의 정신은 '하나(일자)'를 찾으려고 하며, '하나'로 다양한 세계 현상과 사물의 본질을 설명할 수 있다는 확신을 가지고 있었다는 점이다. 여기서 '하나(to hen, unum, 일자)'란 자기 스스로의 출발점일 뿐만 아니라, 다양성(다수)의 전제로서 이해되며, 따라서 다수(다양성)는 '하나'가 현상에 드러나거나 또는 '하나'의 전개로서 이해된다. 그리고 이러한 사상이 안셀무스의 '삼위일체 사상'에서도 분명하게 나타난다. 이 문제는 뒤에서 다시 논의하기로 하자.

헨센E. Haenchen과 플라쉬K. Flasch와 같은 안셀무스 연구자들도 안셀무스를 플라톤주의자 혹은 신플라톤주의자로 평가한다. 헨센은 "안셀무스는 명백하게 아우구스티누스로부터 받아들인 플라톤적인 이론, 즉 모든 선은 단지 최고의 선에 참여하는 한에서 선하다는 것을 전제하고 있다"고 주장한다. 플라쉬도 안셀무스를 (신)플라톤주의적인 노선에 서 있는 철학자로 간주하면서, 안셀무스와 아우구스티누스의 긴밀한 연관을 밝힘으로써 안셀무스를 확고한 (신)플라톤주의자로 각인하고자 했다.

이렇듯 안셀무스는 사상적으로 플라톤적인 전통에 놓여 있다고 볼 수 있다. 그러나 물론 이와는 반대되는 측면에서 파악하고자 하는 경향 또한 존재한다. 말하자면 안셀무스의 사상이 아리스토텔레스적인 사상의 흐름에 놓여 있다고 보는 것이다. 당시 여러 가지 사회적, 종교적 그리고 학문적인 정황에 비추어 보았을 때 분명한 것은 안셀무스가 아리스토텔레스의 저작에 대해서 아무런 정보도 갖지 못했고, 따라서 그의 작품을 직접 볼 기회가 없었다는 점이다. 그런데도 안셀무스와 아리스토텔레스의 연관점을 이야기하는 것은, 비록 그가 아리스토텔레스에게 직접적인 영향을 받지는 않았지만, 사상적이고 내용적인 측면에서 아리스토텔레스와 여러 가지 유사한 점들이 발견되기 때문일 것이다. 특히 그의 사상의 가장 기본적인 토대가 되는 인식론 혹은 진리론에 대한 논의에서 더욱 그러한 경향이 나타난다. 말하자면 그의 진리론은 아리스토텔레스적인 철학적인 전통, "진리는 지성과 사물의 일치(veritas est adaequatio intellectus et rei)"라는 진리의 대응론적 견해에 근거해서 주로 논의되고 있다고 할 수 있다.

안셀무스 전문가로 가장 정평이 있는 슈미트F. S. Schmitt는 "안셀무스가 단순히 (신)플라톤주의자인 성 아우구스티누스의 사상을 따르고 있다고 해서 그를 (신)플라톤주의자라고 평가하는 것은 아주 통념적인 생각에 불과하다"고 주장한다. 슈미트는 안셀무스가 아우구스티누스의 (신)플라톤주의적인 이념을 받아들이고 있다고 보지 않는다. 말하자면 안셀무스는 자연스럽게 (신)플라톤주의적 사유에 머무르고 있는 듯하면서도, 의도적으로 (신)플라톤주의적인 경향에서 벗어나려고 한다는 것이다. 또한 그는 안셀무스의 대작인 『모놀로기온』의 단락 1~4에서 논의하고 있는 아우구스티누스적인 이념들을 하나하나 분석함으로써, 그러한 개념들이 플라톤적이 아니라 아리스토텔레스적이라고 주장한다. 그래서 그는 안셀무스가 (신)플라톤주의보다는 아리스토텔레스적 사상에 가깝다고 주장한다.

이렇듯 안셀무스의 사상사적 맥락에 대한 평가에는 나름대로 설득력이 있는 양 극단의 견해가 존재한다. 그러나 안셀무스 자신은 『모놀로기온』 서두에서 분명히 밝히고 있듯이, 아우구스티누스를 통한 플라톤에 지대한 영향을 받은 플라톤주의에 뿌리를 두고 있다고 주장하고 있다. 우리는 분명 안셀무스의 이러한 고백을 간과해서는 안 될 것이다.

또한 그는 스승인 란프랑크Lanfrank에 대해서 깊은 존경심을 갖고 있다고 자주 진술했다. 그 외에도 보에티우스Boethius에게서 논리적인 엄밀함을 배웠던 것 같다. 물론 그가 스승들에게서 많은 영향을 받았지만, 방법론적으로나 내용적으로 그 자신만의 고유한 길을 걸었다는 점도 결코 잊어서는 안 될 것이다.

보통 그리스도교 철학은 안셀무스와 더불어서 고대 사상과 단절하지 않으면서도 새로운 사상적인 장과 길을 열게 되었다고 한다. 그리고 그러한 사상의 중심에 놓여 있는 것이 바로 스콜라 철학(Scholastik)이다. 스콜라 철학은 고유한 의미로서 중세 대학의 교수 방법을 말한다. 그래서 보통은 학교 철학 혹은 수도원 철학이라고 부른다. 스콜라 철학은 중세의 학문과 사상을 대표하는데, 그 중심에는 고대 그리스 철학, 특히 아리스토텔레스가 강조한 체계와 연역과 같은 논리적이며 학문적인 방법론들이 놓여 있다. 그래서 스콜라 철학에서는 학교 수업에 사용되는 교수학적인 방법들인, 단편적인 것을 이해하고(lectio), 논쟁하고(disputatio) 그리고 증명(argumentatio)하는 방법과 쌍방의 이견을 서로 조정하는 방법 등에 대한 것을 중시하며 가르친다. 이러한 스콜라 철학 전통의 토대가 바로 안셀무스의 사상과 베네딕트 수도회에서의 가르침에서 분명히 드러나고 있다. 그래서 우리는 안셀무스를 "스콜라 철학의 창시자" 혹은 "스콜라 철학의 아버지"라고 스스럼없이 부르는 것이다.

안셀무스의 전반적인 사상이나 삶은 베네딕트 수도회 문화에 깊은 뿌리를 두고 있다. 베네딕트 수도회의 전통적이며 순종적인 삶의 형태가 그의 사상적인 기초를 형성하는 데 큰 영향을 끼쳤으며, 베네딕트회의 전통을 벗어나서는 어떠한 사유도 불가능했을 것이다.

안셀무스의 생애와 시대적 배경

    성 안셀무스의 생애에 대해서는 수도승이자 그의 비서였던 에아드머Eadmer가 기록한 『안셀무스의 생애』를 통해서 어느 정도 알 수 있다.

    안셀무스는 기원전 25년 무렵에 아우구스투스 황제가 건설한 이탈리아의 북서부 알프스 산맥에 위치한, 지금은 프랑스와 국경을 접하고 있는 아오스타(유명한 알프스 최고봉인 몽블랑에 인접한 지역)라는 지역에서 1033년에 태어난 것으로 추정하고 있다. 그의 아버지인 군둘프는 롬바르디아 사람이었고, 그의 어머니인 에멜다는 부르군트 사람이었다. 그의 집안은 어느 정도 부유한 하류 귀족에 속했던 것으로 전해지고 있다. 어린시절 안셀무스는 고집스러우며 사치스럽고 방탕한 생활을 했던 그의 아버지와 갈등을 많이 겪었던 것으로 보인다. 그러나 그는 아버지와의 갈등을 온화하고 영리한 어머니의 사랑으로 해소했다고 한다.

우선 안셀무스는 어머니에게서 종교 교육을 받았고, 당시의 주된 교육기관인 수도원, 말하자면 베네딕트 수도원에서 수사들로부터 체계적이면서도 엄격한 종교 교육과 문법, 수사학 그리고 논리학(변증론)을 배운 것으로 전해진다.

1056년 무렵에 어머니가 여동생을 낳고 사망하자, 안셀무스는 아버지와의 갈등을 극복하지 못하고 마침내 집을 떠나서 3년 정도 프랑스 전역을 돌아다녔다. 방랑 생활 첫해에는 소르본 대학의 모태인 파리의 클뤼니 대수도원을 비롯한 프랑스에 산재해 있는 유명한 여러 수도원 학교를 방문한 것으로 전해진다. 아마도 그때 스승인 란프랑크를 만나 방랑 생활을 청산하고 그의 추천을 받아 1059년경 가을에 프랑스 북부의 노르망디에 있는 베크(현재의 르 베크-엘루엥Le Bec Hellouin이라는 도시)의 베네딕트회 수도원에 학생으로 들어가게 되었다.

후세의 평가에 따르면, 안셀무스가 프랑스에서 방랑 생활을 하고 또한 프랑스의 베네딕트회 수도원에 들어간 것은 안셀무스 자신이나 서구의 학문 세계의 커다란 행운으로 간주되고 있다. 왜냐하면 당시의 프랑스는 신학이나 철학에 대한 연구가 가장 고조되어 있었고, 그러한 분위기에 편승해서 안셀무스 스스로도 학문적인 역량을 축적할 수 있는 좋은 기반을 가질 수 있었기 때문이다. 또한 그 당시 수도원 부원장이 란프랑크였는데, 그는 안셀무스와 같은 이탈리아 사람으로서 학식과 인품을 겸비한 저명한 학자였다. 특히 란프랑크는 당시 가장 유명한 논쟁인 "성체 변화론(성찬론)"에 대해서 변증론자인 투르Tours의 브랑가르Berengar와 논쟁을 벌여 승리함으로써 명성을 얻었다. 안셀무스는 저명한 스승과 훌륭한 교육 조건에서 신학과 철학에 대해서 더 많이 배울 수 있는 행운을 누릴 수 있었던 것이다.

저명한 서양 중세사 저술가인 몸즈베리의 윌리엄William of Malmesbury에 따르면, 당시 베크의 베네딕트 수도원은 "학문을 위한 최고 훌륭한 교육기관"으로 칭송받고 있었다고 한다. 베크의 베네딕트 수도원은 은수자 에르뤼엥Herluin이 1034년에 세웠는데, 란프랑크와 안셀무스가 머물렀던 11세기에 가장 유명했다. 현재는 예전의 모습이 거의 모두 사라져 버렸고, 15세기에 건립된 베크 수도원의 교회 탑이 남아 있을 뿐이다. 베크 수도원은 18세기 이후에는 군대의 막사로 사용되기도 했으나, 1948년부터 다시 수도원으로 사용되고 있다.

베크의 베네딕트 수도원에 들어온 지 1년 후에 아버지가 사망하자, 안셀무스는 고심 끝에 루앙Rouen의 대주교인 모리Maurille의 권유에 따라서 정식으로 베네딕트 수도회에 입회해서 수도사가 되었다.

1063년 스승인 란프랑크가 캉Caen의 성 스테판 수도원의 원장으로 부임을 받고 베크를 떠나게 되었다. 란프랑크는 노르만인 윌리엄William 공과 막역한 사이였다. 영국의 에드워드

프랑스 북부 루앙에 있는 고딕양식 대성당.

1063년 헌당獻堂된 로마네스크식 성당 위에 1145년경 기공되어 J. 단들리와 안게랑이 내부 장식을 중심으로 원형原型을 만들었다. 그 뒤 1544년 완공될 때까지 각 시대마다 증수축을 해서 처음부터 끝까지 고딕식의 각 양식을 겸비하게 되었다. 길이 135m, 몸채 높이 28m, 잔다르크라 부르는 9,500 kg의 종을 달아 놓은 탑 높이는 82m와 77m, 첨탑은 151m로 프랑스 성당의 탑으로는 가장 높다. 내부 벽면 좌측랑부左側廊部는 13~14세기, 우측랑부右側廊部는 15~16세기, 또 제단 부분에는 13~16세기의 스테인드글라스가 장식되어 있다. 제2차 세계대전 동안 매우 심하게 손상되었으나 복구되어 1956년 다시 공개되었다.

왕이 죽자 그의 사촌인 윌리엄 공은 에드워드 왕의 매형인 헤롤드 고드윈Harold Godwin과 왕위 계승 전쟁을 하게 되었고, 헤이스팅즈Hastings 전투에서 승리함으로써 영국의 왕이 되었다. 왕이 된 윌리엄은 1070년에 란프랑크를 영국의 캔터베리 대주교로 임명했다. 안셀무스 또한 훗날 그의 스승의 후계자로 영국의 캔터베리 대주교로 부임하게 된다.

1063년에 스승 란프랑크가 수도원을 떠나자, 안셀무스는 그의 뒤를 이어 베크 수도원의 부원장이 되었다. 그리고 1067년에는 이 수도원 학교의 교장이 되는데, 이 시기에 그는 대표

작인 『모놀로기온』과 『프로슬로기온』을 비롯한 많은 저술을 남겼으며, 아울러 수도원의 교육을 질적으로 한층 더 발전하게 하고, 베크의 베네딕트회 수도원 학교를 프랑스 최고의 수준으로 이끌었다.

또한 이 시기에 그는 젊은 수사들과 많은 대화를 나누면서 그들을 온유함과 애정을 갖고서 인격적으로 교육했으며, 개인적으로도 명상과 기도를 통해 자신을 수련하며 경건함을 유지하려고 노력했다고 전해진다. 특히 안셀무스는 학생들을 가르칠 때 감정을 절제하고 인내심을 유지해야 한다고 생각했다. 그래서 그는 체벌이나 그 외에 강압적인 방법을 사용하는 것을 매우 부정적으로 생각했던 것으로 전해진다.

안셀무스가 생각하는 교육의 가장 중요한 덕목은 제자들에 대한 무한한 사랑이었다. 그래서 그는 제자들을 헌신적이면서도 무한한 사랑으로 가르쳤다. 이러한 안셀무스의 제자들에 대한 사랑은 결국 수사들로부터 무한한 존경을 받게 되었다. 1078년에 수도원의 창설자이자 원장인 에르뤼엥Herluin이 사망하자 수사들은 모두 안셀무스를 수도원 원장으로 추대하려고 했다. 그러나 안셀무스는 자신이 원장으로서 적임자가 아니라며 진심으로 고사했으나, 결국 그를 대신할 인품과 학식을 가진 자가 없다고 판단한 루앙Rouen의 대주교는 안셀무스를 베크 수도원의 원장으로 임명했다.

안셀무스가 수도원 원장이 된 후 베크 수도원에는 훨씬 더 많은 사람들이 몰려들기 시작했다. 이제 그의 명성은 베크 수도원이나 프랑스에만 머무르지 않고, 앵글로 노르만의 나라인 영국에까지 알려지게 되었다. 급기야 1093년에는 영국 국민들의 열렬한 지지를 받아 영국의 왕으로부터 영국 최고의 종교적 권한과 국왕 다음으로 막강한 정치적 권한을 소유한 캔터베리의 대주교로 임명받았다. 그러나 안셀무스는 이 또한 처음에는 건강상의 이유를 들어 정중하게 사양했지만 동료 주교들이 간곡히 부탁하자 결국 스승 란프랑크의 뒤를 이어 영국 캔터베리의 대주교로 부임했다.

캔터베리의 대주교라는 직책은 안셀무스에게 교황 다음가는 유럽 최고의 종교적 지도자들 중의 한 사람이라는 커다란 명성을 가져다주었다. 그러나 다른 한편으로는 당시의 복잡한 정교의 문제, 즉 정치와 종교의 분쟁에 휘말리게 만듦으로써 그로 하여금 평탄치 않은 삶을 살게 만들었다. 당시 영국 국왕은 교황과 협의하지 않고 성직자들을 직접 임명하고, 교황과 성직자들의 연락을 제한하는 등 여러 가지로 종교적인 문제에 직접 개입했다.

안셀무스는 영국 국왕이 캔터베리 대주교로 임명했지만 처음에는 고사했다가 교황인 우르반 2세가 구두로 동의를 하고서야 그 직책을 받아들였다. 영국 국왕이 임명했을 때는 직책을 받아들이지 않다가 교황의 동의를 받고서야 대주교 직책을 수락한 안셀무스였기에, 취임했을 때부터 영국 국왕이 직접 성직자를 임명하는 것에 강하게 반발했다. 이렇듯 안셀무스가 영국 국왕의 성직자 임명에 관해서 계속 반대하고 또한 교회

영국 캔터베리의 대성당. 영국 국교회의 총본산인 대성당.
런던 남동쪽 85km 떨어진 캔터베리에 있다. 지금의 대성당은 1070~1180년과 1379~1503년 두 번
에 걸쳐 230년 동안 만들어졌으며, 그 뒤 두 차례나 불탔고 1538년 헨리 8세와 1942년 독일군의 공습
으로 파괴되는 수난을 겪었다. 동서로 나 있는 이중의 회랑 등에는 로마네스크식 원형이 보이나 전체적으
로 영국 후기 고딕식의 독특한 수직양식 요소가 뚜렷하다. 서쪽 회랑 왼쪽에 1170년 순교한 대주교 T.
베케트의 유해와 유품들이 성삼위 일체 경당에 모셔져 있다. 로마의 성베드로 대성당의 축소판이라고
해도 좋을 만큼 장엄하고 정교하다.

의 자유를 위해 영국 국왕에게 저항하자 1097년과 1103년 두
차례에 걸쳐 영국을 떠나 망명길에 올랐다.

안셀무스는 영국 국왕과 영국 교회로부터 인정을 받지 못
하고 있었던 교황 우르반 2세를 인정할 것을 국왕과 성직자들
에게 요구하면서 국왕 윌리엄 2세와 갈등을 겪었다. 또한 안
셀무스는 교황 우르반 2세에게 자신을 캔터베리의 대주교로
공식적으로 인정해줄 것을 요청하고 또한 영국 국왕이 성직자
를 임명하는 것이 부당하다고 강하게 주장하면서 갈등은 극에
달하게 되었다.

그러자 영국 국왕이 외면상의 갈등을 피하고자 안셀무스의 주장을 받아들이면서 어느 정도 화해가 되는 듯이 보였다. 그러나 안셀무스는 계속해서 교회의 자유와 성직 계급의 개혁을 주장했다. 특히 대주교가 로마의 교황청과 독자적인 관계를 맺을 수 있도록 해줄 것을 요구하면서 영국 국왕과 국왕이 임명한 성직자들과의 관계는 더욱 악화되었고, 결국 그는 영국을 떠나 프랑스로 망명을 떠나게 되었다. 프랑스에서 망명하는 도중 교황 우르반 2세의 요청으로 로마에서 잠시 머물렀으며, 살바토레 수도원의 영지인 스클라비아에서 지내면서 최고의 신학 저술인 『신은 왜 인간이 되었는가』를 집필했다.

안셀무스는 1100년 윌리엄 2세가 사망하자 그의 후계자인 헨리 1세에 의해서 복권되어 캔터베리로 돌아왔다. 그러나 그는 성직자 임명에 대한 영국 국왕과의 견해 차이로 인해 1103년에 다시 망명길에 올랐다. 이 2차 망명 시기 동안 영국 국왕과 안셀무스는 화해를 도모하게 되고, 1106년에 결국 화해를 하게 된다. 영국 국왕은 대주교에게서 빼앗았던 캔터베리 대성당의 재산을 돌려주고, 안셀무스는 영국 국왕이 성직에 임명했다 파문한 주교들을 인정하기로 서로 간에 타협을 했던 것이다. 그리고 그것은 로마의 교황으로부터 인정을 받게 되고, 마침내 영국에서의 성직자 서임권에 대한 갈등은 끝이 났다.

사실상 세속 국왕의 성직자 서임에 대한 문제는 안셀무스가 베크의 수도원에 있을 때가 정점이었다. 특히 독일(당시의 신성로마제국) 황제 하인리히 4세와 교황 그레고리오 7세의 갈등은 극에 달해 있었다. 교황 그레고리오 7세는 클뤼니 대수도원 출신으로 이상주의적 개혁 성향을 지닌 강력한 교황이었다. 그가 하고자 한 개혁의 주된 내용은 세속의 권력으로부터 교황권의 독립과 성직 매매 금지 그리고 성직자의 혼인 금지 및 세속 권력자의 성직 임명을 금하는 것이었다. 그리고 이러한 개혁과 더불어서 강력한 교황권을 확립하고자 했다.

그러나 그러한 개혁에 대한 의지는 결국 독일 황제 하인리히 4세와 성직자 서임권(임명권)에 대한 문제로 마찰을 일으키게 되었다. 교황은 반황제적인 독일 국내의 귀족들과 결탁했고, 황제는 도시민들의 지원을 받았으나, 안팎에서 공격을 받자 결국 카노사Canossa에서 굴욕을 당하게 된다. 이것이 바로 1077년에 일어난 그 유명한 '카노사의 굴욕'이다. 안셀무스 또한 이때 카노사로 가서 교황의 주장을 변호했다. 그러나 몇 년 후 황제 하인리히 4세는 교황 그레고리오 7세를 살레르노로 유배를 보냈고, 교황은 그곳에서 병사하고 만다.

영국 국왕과의 갈등에서도 알 수 있듯이 캔터베리에서의 안셀무스의 삶은 무척이나 불행했던 것으로 전해진다. 안셀무스가 1098년 초에 교황에게 보낸 서신을 보면 불행했던 캔터베리에서의 삶이 잘 나타나 있다.

저는 이미 4년이나 대주교로 있습니다만, 현재까지 아무 것도 하지 못했습니다. 저는 지금까지 아무런 의미도 없이

지내고 있으며, 무절제하고 혐오스러울 정도로 영혼의 혼란을 겪었습니다. 그래서 저는 날마다 영국으로부터 멀리 떨어진 곳에서 죽는 것이 차라리 영국에서 사는 것보다 더 나을 것이라고 생각했습니다.

이러한 마음의 갈등을 기도와 묵상을 통해서 극복하던 중 건강이 악화되어 결국 안셀무스는 그가 그렇게 떠나고자 했던 영국의 캔터베리에서 1109년 4월 21일 성주간 수요일에 임종했다. 그리고 캔터베리 대성당 안에 스승인 란프랑크 옆에 안치되었다.

안셀무스는 다른 이단이나 세속의 정치적인 세력과 대항해서 교회의 확고한 입장을 확립하고, 교회를 이단이나 세속적인 정쟁으로부터 방어했다는 점에서 오늘날까지도 모든 주교들의 표본으로 간주되고 있으며, 교회의 영원한 스승인 성인으로 추앙받고 있다. 그리고 그는 베네딕트회의 종교적인 삶인 '윤리적인 생활과 종교적인 수련을 통한 덕의 함양'이란 이상적인 생활 태도를 모든 성직자들이 지니기를 원했다. 그러나 그의 이러한 이상은 당시 현실 상황에서는 너무나 높은 목표였고, 따라서 단지 하나의 이상으로 간주될 수밖에 없었을 것이다.

안셀무스는 베네딕트 수도원의 교육에만 만족하지 않고, 그 스스로 프랑스 전역을 돌아다니면서 부족한 것을 채워나갔다. 그래서인지 그는 베네딕트회의 신학을 그대로 답습한 신학자는 아니었다. 이러한 점은 도미니크 수도원에 소속되어 있었지만 도미니크회의 신학을 답습하지 않았던 성 토마스 아퀴나스와 프란치스코 수도원 소속이면서도 프란치스코회의 신학자라고 할 수 없는 성 보나벤투라와 둔스 스코투스와도 같다고 할 수 있을 것이다.

안셀무스의 주요 사상 : 신앙과 이성의 문제

안셀무스 사상의 중심을 이루는 것은 '신앙과 이성'에 대한 논의라고 할 수 있다. '신앙과 이성'에 대한 논의는 그리스도교가 외형적으로 상당히 발전한 오늘날 우리 사회에서도 그리 생소한 주제는 아니다. 말하자면 종교 혹은 신앙에 대한 논의는 우리의 일상적인 삶과 매우 밀접하게 연관되어 있다.

안셀무스가 살았던 11세기 이전의 중세기 사회를 지배했던 정신은 성서나 교회의 독단에 근거하는 신앙의 권위라고 할 수 있다. 이러한 종교적인 권위나 신앙에 비해 이성은 단지 부차적인 것으로서 신앙의 보조수단에 불과한 것으로 평가받고 있었다. 이성 스스로는 아무런 고유한 기능을 갖지 못하고, 단지 신앙과 더불어서 교회의 권위에 종속되는 것으로만 생각했던 것이다. 말하자면 이성의 주체성이 사실상 전혀 인정되지 못하고 있었던 시기라고 할 수 있다. 이성은 신앙의 부차적인 요소로서, 신앙적인 것을 보조하는 수단 또는 도구로서의 역할만을 한다는 것이다.

그러한 것이 극명하게 드러난 것이 바로 이른바 페트루스 다미아누스Petrus Damianus의 그 유명한 말인 "이성은 신학의 시녀(ancilla theologiae)"이다. 이 말의 뜻은 신학적이고 신앙적인 내용을 철학을 사용해 논리적으로 해명하고자 하는 것이다. 여기서는 신앙적인 것만이 유일한 진리이며, 이성은 이러한 유일한 진리에 다가가도록 도와주는 역할, 즉 도우미의 의미만을 갖는다. 그리고 이러한 의미가 잘 반영된 것은 성 아우구스티누스의 유명한 명제인 "믿기 위해서 안다(intelligo ut credam)"이다. 이 말의 뜻은 분명히 믿음(신앙)이 최종 목적이고, 이성(앎)은 믿음을 위해서 필요한 조건이나 수단에 불과하다는 것이다. 이러한 관점에서의 이성은 항상 신앙과의 연관 속에서만 의미를 갖는다. 그것도 물론 부차적인 의미만을 갖을 뿐, 결코 이성 자체로는 의미가 없다는 것이다.

그러나 11세기 이전까지 이어진 이 같은 정신사적인 흐름이 11세기에 들어와서 '신앙과 이성'에 대해 활발하게 논의가 이루어지면서 서서히 변화하기 시작했다. 우선 당시 사상사적인 상황을 잠시 살펴보도록 하자.

신앙이나 교회의 권위가 지배하던 상황이 11세기에 들어와서는 신학 자체 내에서 이성을 강조하는 경향이 나타나기 시작했다. 투르의 브랑가르는 "이성은 신앙에 완전히 독립적"이라고 강조했으나, 이에 반대하며 페트루스 다미아누스는 "철학은 단지 신학의 시녀일 뿐이다"라고 주장했다. 그리고 이러한 양자의 극단적인 사상이 반목하는 경향에 반대해서 또 하나의 새로운 입장이 등장했는데, 이러한 입장이 11세기의 정신적 세계의 주된 경향이 되었다.

새로운 사상적인 경향은 양자의 입장을 조절하고 조화를 꾀하려는 중간적인 입장이라고 할 수 있다. 말하자면 신앙적인 요소들을 신앙만으로 해명하고자 하는 것이 아니라, 가능한 최대한도로 이성으로 이해하려고 했으며 동시에 그것들을 정당화하려고 한 것이다. 이러한 입장을 대변하는 사람이 바로 안셀무스의 스승인 란프랑크였다. 그는 신앙과 이성의 관계에 대해서 많은 관심을 갖고, 근본적으로 대립하는 양자를 서로 상호 보안하는 것으로서 조화를 꾀하려고 노력했다.

안셀무스 역시 란프랑크의 입장과 마찬가지로 근본적으로는 신앙과 이성의 관계가 서로 상호 보완적인 관계를 갖는다고 생각했다. 그러나 그는 어느 정도는 신앙보다는 이성을 강조하면서 상호 간의 조화를 주장하는 입장을 취하려고 한 것 같다. 안셀무스는 신앙적인 대상의 정점인 신神존재를 이성적이고 논리적인 사고방식으로 증명하려고 시도했다. 그러한 점이 잘 드러나는 것이 바로 그의 '포괄적-신학적인 프로그램'이다.

안셀무스의 '포괄적-신학적인 프로그램'의 목적은 신앙과 이성의 문제를 통찰하고 이해하는 것이라고 할 수 있다. 여기서 우리가 주지해야 할 점은 안셀무스가 비록 호교론적인 관점과 의도를 은연중에 지니고 있는 것이 사실이지만, 그의 주된 목적은 분명히 호교론적이 아니라는 점이다. 안셀무스는 그의 대작인 『모놀로기온』에서 "증명 방식에는 전혀 신앙적인 서적의 권위에 의존하지 않고, 개별적인 연구에 의해서 결론을 이끌려고 하며, 분명한 서술 양식과 공통적으로 이해 가능한 논증들과 명확한 설명과 이성적인 사유의 필연성을 짧고 명확하게 제시함으로써 진리의 명백성을 드러낸다"라고 분명히 말하고 있다. 이것은 분명 그가 모든 것을 신앙으로 해명하고자 한 것이 아니라, 이성적인 통찰에 근거해서 신앙의 진리들과 그 밖의 것들을 해명하고자 했다는 점을 잘 나타내고 있다. 안셀무스는 그리스도교적인 종교나 신앙의 권위가 갖는 가치를 의심할 여지없이 전제하고 있다. 그러나 계속해서 그는 전제되어 있으며 또한 의심할 여지없이 받아들인 신앙을 가능한 최대한도로 이성의 도움을 받아 명확하게 이해하고 증명하려고 했다.

인간 이성과 더불어서 신앙적인 내용들을 해명하는 것은 분명히 신앙이론이 지니고 있는 개별적인 모순들을 배제하는 것일 뿐만 아니라, 그리스도교의 모든 독단적인 신앙을 확고히 하고자 하는 데에도 의미가 있다.

안셀무스에게 신앙과 이성의 관계는 '신앙적 이성 내지는 이성을 구하는 신앙(ratio fidei 또는 fides quaerens intellectum)'이라는 프로그램으로 잘 알려져 있다. 이 프로그램은 일반적인 의미에서는 '무신론자(이교도, insipiens)들에 대한 그리스도교의 옹호 내지는 방어', 말하자면 일종의 '신을 증명'하고자 하는 것과 같은 맥락이라고 할 수 있다.

'무신론자들에 대한 그리스도교의 옹호 내지는 방어'라는 표현은 신학(신앙)과 철학(이성)에서 상당히 포괄적인 의미를 갖는다. 안셀무스에 따르면, 무신론자란 진실로 신이 존재하지 않는다고 말하는 자이다. 그리고 무신론자도 이성을 가진 존재이다. 그는 분명히 그가 들은 것을 이해할 수 있으며, 이해한 것을 그의 생각 속에 잘 보존할 수 있다. 하지만 그의 문제는 단지, 이성적인 정신으로는 명백한 것인데도 분명히 그가 이해한 것을 적절히 판단하지 못하는 데에 있다. 달리 표현하자면 그는 덜 이성적이라는 것이며, 이성을 지니고 있지만 이성을 적절하게 사용하지 못하는 존재라는 것이다.

이 같은 의미에서의 무신론자는 분명 '우둔한 자(stultus)'라는 개념과 같은 뜻이다. 라틴어의 'stultus'란 '잘못 행하다, 우매하다'라는 기본 뜻을 가진 'stolere'라는 동사 원형의 분사형이다. 따라서 'stultus'는 '올바른 질서나 타당성'과는 반대의 뜻으로서, 잘못된 방식과 양식으로 행하는 자를 표현한다. 그래서 무신론자의 주장에는 자기 스스로의 오류가 들어 있으며, 그의 견해는 인정받지 못한다. 말하자면 비록 그가 그의 인식에 의해 올바르게 판단을 하더라도, 그의 견해는 올바른 질서와 타당성에 의한 존재론적인 전제 아래에 있지 않기 때문에 인정되지 않는다는 것이다. 그리고 라틴어의 'insipiens(이교도, 무신론자)'는 'nabal'이라는 히브리어의 번역이다. 이 말의 의미 또한 '올바른 질서나 타당한 규칙으로부터 벗어나 있다'는 뜻이다. 무엇보다도 신이 내린 질서나 타당한 법칙으로부터 벗어나 있다는 의미를 가진다. 성서에서도 이 말은 항상 비신앙적이고 나쁜 행위와 연관해서 사용하고 있다.

그러나 주의할 점은 이 'nabal'이라는 말이 도덕적인 가치판단에서의 비신앙이나 나쁜 행위를 나타내는 말이 아니라는 점이다. 이 단어는 이성적이지 않고 의미가 없고 바보스러운 태도 때문에 신이 내린 질서로부터 비이성적이고 의미가 없으며 또한 우둔함으로 인해서 우매함에 빠져드는 것을 의미하는 것이다. 즉, 인간은 올바름을 인식하고 있고, 또한 그것은 그가 지니고 있는 이성에 위배되지 않음에도 불구하고 그 올바름에서 벗어나 있는데, 이러한 것이 바로 그의 우매함 내지는 우둔함이다. 안셀무스는 '우둔한 자'를 필연적으로 자기 자신에 머무르고 있는 절대적인 지식을 올바로 인식하거나 깨닫지 못한 자라고 말한다.

그러나 그는 무신론자들의 무지함은 이성이 결핍되었기 때문이라기보다는, 올바른 인식에 대한 열정이나 준비성이 부족하거나 이성의 불충분한 사유 때문에 생긴다고 보았다. 안셀무스는 무신론자들이 진리나 신에 대한 인식으로 나아가는 과정을 '신앙적 이성 내지는 이성을 구하는 신앙'이라는 프로그램으로 설명한다. 그리고 여기서 중심 문제는 무신론자나 인간 모두에게 자기인식이다. 말하자면 자신 안에 머물고 있는 진리나 신을 스스로 발견하는 것이다. 이것은 진리가 이미 자신 안에 존재하고 있는데도, 무신론자들은 그의 우둔함 때문에 진리를 인식하거나 인정하지 못한다는 것을 의미한다.

또한 인간의 이러한 우둔함은 불충분한 이성적 사유에서 기인하며, 따라서 우둔한 자는 그가 이미 지니고 있는 사물이나 진리에 대한 올바른 인식에 스스로 도달할 수 없다. 그러므로 그의 모순은 다른 어떤 것에 기인하는 것이 아니라, 그 자신의 사고 자체에서 기인한다. 그래서 안셀무스는 이러한 '이성적 사유의 불충분함'을 '건강하지 못한 인간 정신'으로 표현했으며, 동시에 '건강한 인간 정신'을 인간이 우둔함에서 벗어날 수 있는 유일한 조건으로 규정했다. 그래서 이성은 신앙적인 것을 해결하는 열쇠이며 또한 신앙의 기반인 것이다.

이렇듯 안셀무스는 이성과 신앙의 관계를 극단적으로 분리하지 않고, 서로 모순되어 보이는 개념들을 이성을 통해서 서로 조화롭게 하고자 했다. 안셀무스에게 사물을 판단하고 구별하고 통찰하는 이성은 신앙에 의해서 제한되거나 신앙에 종속되지 않으며, 이성은 철저히 그의 고유한 사유법칙을 따를 뿐이지, 절대로 외적인 권위로 정립되지 않는다. 왜냐하면 안셀무스는 이성과 신앙이 서로 독립되어 있다고 보았기 때문이다.

그러나 안셀무스의 사상에는 항상 신앙과 이성의 일치를 주장하고자 하는 신념 또한 동반되고 있다. 말하자면 신앙이

제시하고 있는 바를 이성이 독립적이며 자발적으로, 즉 신앙적인 권위의 도움 없이도 정립하고자 하며 아울러 이성으로 신앙을 정립함으로써 이성과 신앙의 일치를 주장하려고 하기 때문이다. 안셀무스는 결코 신앙과 이성 사이에 실제적인 모순이 있다고 생각하지 않았다.

이렇듯 이성과 신앙의 조화 속에서 이성을 어느 정도 강조하고자 한 안셀무스의 사상은 스콜라 철학에서의 주된 관심인 합리성에 대한 추구의 발판을 마련하게 되었다. 신학은 단지 신적―초월적인―계시에만 근거하지 않고, 초월적이고 신앙적인 것과 그리고 이성적인 근거와 추론에 대해서도 관심을 갖게 되었다. 그리고 지금까지 신앙으로 확고히 정립했던 것들에 대해서도 순수하게 이성적인 방법으로 정립하기 위해서 방법론적으로 다시 문제를 제기하게 되었다. 이러한 것이 결국 안셀무스가 아우구스티누스적인 구호인 "믿기 위해서 안다(intelligo ut credam)"를 받아들이면서 또한 동시에 "알기 위해서 믿는다(credo ut intelligam)"라는 명제를 주장하게 되는 이유인 것이다.

물론 이 "알기 위해서 믿는다"라는 명제의 목적은 앎(이성)이며, 아울러 신에 대한 인식이다. 말하자면 믿음(신앙)과 이성이 서로 전제되지 않고서는 서로의 인식과 존재의 의미가 없다는 것이다. 즉, 신앙은 그 대상이 이성의 도움을 받아 이해될 수 있도록 요구하고, 이성은 그 탐구의 정점에서 신앙이 제시하는 내용 없이는 자신의 목적을 채울 수 없다는 것을 인정하게 된다는 것을 의미하는 것이다.

이렇듯 신앙에 대한 이성의 재평가에 의해서, 이성은 더 이상 신증명을 위한 부차적인 기능만 하는 것이 아니라, 훨씬 더 큰 의미를 지니게 되었다고 할 수 있다. 말하자면 오직 이성으로만 신앙이나 신앙적인 요소들을 증명 또는 논증할 수 있다는 뜻이다. 이것은 이성이 지금까지의 역할인 신앙의 부차적인 역할에서 벗어나서, 자신의 고유성, 즉 이성의 주체성을 획득하게 되는 것을 뜻한다고 할 수 있다. 또한 더 나아가서 이성에 대해 더 큰 의미를 부여한 것은 당시의 학문적 발전에도 지대한 공헌을 했다고도 볼 수 있다.

이러한 점은 당시의 세계에서는 엄청난 정신적인 변화이며, 이러한 변화에 의해서 인간은 이성과 더불어서 자신의 본성과 근원에 대해서도 파악하고자 했다. 그리고 또한 이성과 더불어서 신앙의 최고 문제인 신성이나 신의 존재성에 대해서도 해답을 구하고자 했다. 이러한 변화는 결국 교회의 권위와 신앙적인 것이 학문의 대상, 즉 인간 이성으로 파악할 수 있는 대상으로서의 새로운 위치를 갖게 되는 중요한 의미를 지니게끔 했다. 여기에는 분명히 인간 이성이 신을 사유하고 서술할 수 있으며, 아울러 인간 이성이 신의 존재를 증명할 수 있는 능력이라는 의미가 함축되어 있다고 할 수 있다. 이러한 의미의 이성의 역할 또는 이성에 대한 평가는 분명 중세 초기의 정신사에서는 뚜렷한 흔적을 찾기가 어렵고, 11세기에 와서 안셀무스의 사상에서야 뚜렷하게 나타난 것으로 볼 수 있다.

존재론적 신증명

안셀무스의 '존재론적 신증명'

  안셀무스의 사상 가운데 우리에게 가장 잘 알려진 것은 '신神증명'에 대한 논의일 것이다. 이성의 새로운 평가 혹은 역할의 대표적인 형태가 바로 인간의 이성으로 학문의 최고 대상이자 최고의 형이상학적인 문제인 신을 인식하고자 하는 새로운 형태의 학문적인 방법론을 '신증명' 혹은 '신논증'이라 한다.

  '신증명'의 등장은 이성이 당시의 철학과 신학에서 주도적인 역할을 담당하게 되는 것을 뜻하며, 아울러 인간은 신증명을 통해서 창조주인 신과 자신의 관계를 다시 한 번 생각할 수 있는 기회를 가지게 되었음을 뜻한다. 달리 표현하자면, 인간은 무조건적인 신앙의 권위로부터 해방될 수 있었으며, 신앙의 종복이었던 인간 이성이 재평가되는 기회가 되었다는 것을 뜻하는 것이다. 이러한 인간 이성의 해방은 결과적으로 철학과 신학을 학문으로써 더 발전하게 하는 계기를 제공하게 되었다.

신을 증명(논증)하는 데 있어 '**오직 인간의 건강한 이성 외에는 아무것도 전제 조건이 될 수 없다**'는 안셀무스의 신논증 방법의 출발점에서 이성의 해방 또는 재평가가 극단적으로 잘 나타나 있다. 안셀무스는 오직 이성만을(sola ratione) 최고의 진리인 신神인식의 출발점으로 상정하고서, 만일 인간이 단지 평균의 (보통의) 이성적인 능력을 갖고 있다면, 인간은 최소한 스스로의 이성으로 진리를 인식할 수 있다는 점을 확신할 수 있을 것이라고 말했다.

안셀무스의 신증명은 칸트가 이름 붙인 '**존재론적 신증명**'이란 이름으로 우리에게 잘 알려져 있다. 존재론적 신증명은 그의 독창적인 저작인 『프로슬로기온』의 2~4장에서 논의되는 일종의 새로운 논증 방법이다. 말하자면 엄밀한 학문적 방법을 통한 신의 현존, 달리 말해서 신이 존재하고 있음을 증명하고자 하는 것이다.

안셀무스의 새로운 논증 방법에는 다음과 같은 규칙들이 있다. 단순하고 복잡하지 않아야 하며, 논리적으로 자족적이어서 그 자체로는 논증이 더 이상 필요하지 않아야 한다는 것이다. 말하자면 하나의 논증(unum argumentum)이 필요한 것이다. 안셀무스는 이러한 규칙을 가진 존재론적 논증 방법으로 신의 현존과 그리스도교와 관련된 신앙적인 요소들을 증명하고자 시도했다.

안셀무스의 '존재론적 신증명'은 세상에 알려지자마자 수도승 가우닐로Gaunilo 등에 의해 논쟁의 대상이 되었을 뿐만 아니라, 후에는 토마스 아퀴나스나 칸트 같은 유명한 사상가들에 의해서 비판적으로 논의되었다. 그러나 후대의 사상가들은 그들의 비판을 그리 좋게 평가하지 않는 것 같다.

반대로 안셀무스의 신논증은 많은 위대한 사상가들로부터 긍정적인 평가와 더불어서 그들의 사상에 지대한 영향을 끼쳤다. 그러한 대표적인 사상가들로는 토마스 아퀴나스와 더불어서 13세기의 사상을 이끌었던 프란치스코회의 수장인 보나벤투라Bonaventura, '예리한 박사(doctor subtilis)'로 유명한 둔스 스코투스Duns Scotus, 데카르트R. Descartes, 라이프니츠W. Leibniz 그리고 헤겔G. W. F. Hegel 등이 있다.

안셀무스의 존재론적 신증명 혹은 신논증은 다음과 같이 간략하게 요약할 수 있다. 보통의 평범한 사람들이라면, 신은 "그것보다 더 큰 것을 생각할 수 없는 어떤 것(id quo maius cogitari nequit)"임을 인정한다. 최고로 큰 존재는 사고의 대상이자 동시에 실제로 존재해야만 한다. 왜냐하면 신이 단지 사고의 대상으로서만 존재한다면, 우리는 사고와 실제에 동시에 존재하는 더 큰 존재를 다시 생각할 수 있기 때문이다. 그리고 그렇게 된다면, 신은 "그것보다 더 큰 것을 생각할 수 없는 어떤 것"으로서의 최고의 존재가 아닐 것이다. 따라서 신은 단지 사고의 대상으로서만 존재하지 않고, 실제로도 존재해야만 한다는 것이다.

이러한 안셀무스의 신증명은 관념적이고 논리적인 질서에서 현존하는 존재의 질서로 나아간다는 특징이 있다. 그리고 이러한 비약이 바로 그의 반대자들로부터 비판을 받는 점이기도 하다. 말하자면 정신 안의 개념의 분석을 통해서 정신 바깥의 실제적인 존재에 도달할 수는 없다는 것이다. '존재한다'는 것은 오직 그 대상이 실제로 존재한다는 가정 아래에서 그 존재가 필연적으로 존재해야만 한다는 것이기 때문이다.

'존재론적 신증명'에 대한 가우닐로의 반박과 안셀무스의 답변

존재론적 신증명에 대한 대표적인 비판은 안셀무스와 동시대의 인물인 수도사 가우닐로Gaunilo가 한 비판이다. 그는 『어리석은 자를 위한 책』에서 안셀무스의 신증명을 두 가지로 반박했다. 첫째로 그는 아무도 마음속에 신의 관념을 가질 수 없다고 주장한다. 왜냐하면 신은 상상할 수 있는 유한한 존재와는 다른 존재이기 때문이다. 둘째 반박의 핵심은 존재란 그것이 무엇이든지 간에 단지 사유(관념)속의 개념으로부터 추론해서는 안 된다는 것이다. 말하자면 신神관념으로부터 신존재가 증명된다면, 사유는 가능하나 증명될 수 없는 존재들도 증명되어야 한다는 것이다. 예를 들어, 누군가의 상상 속에 도깨비 방망이가 존재한다고 해서 그 도깨비 방망이가 실제로 존재한다는 것을 의미하지 않는 것은 분명하듯, 신에 대한 관념도 이와 마찬가지라는 것이다. 이러한 입장에서 가우닐로는 다른 어떤 섬들보다도 뛰어나며 그것보다 더 나은 것을 생각할 수 없는 '사라진 섬'의 예를 들어 안셀무스의 주장을 반박한다. "우리는 그 섬에 대한 확실한 관념을 형성할 수 있다. 그렇지만 그것이 사라진 섬의 현존, 즉 실제로 존재함을 증명하는 것은 아니라는 것이다." 단지 그 섬은 우리의 상상 속에서만 존재하지, 상상력 밖 실제 세계에는 존재하지 않는다는 것이다.

이러한 가우닐로의 두 가지 비판에 대해서 안셀무스는 다음과 같이 답변했다. 첫째 반박에 대해서 안셀무스는 논증이 단지 신에게만 유효하다고 주장한다. 왜냐하면 신에 대한 관념 자체는 "그것보다 더 큰 것을 생각할 수 없는 어떤 것"이라는 개념을 필연적으로 함축하고 있기 때문이다. 말하자면 "그것보다 더 큰 것을 생각할 수 없는 어떤 것"이라는 개념의 의미는 신이라는 단어의 의미와 동일하기 때문에, 누구 할 것 없이 마음에 신을 생각한다는 것이다. 둘째 반박에 대한 답변은 첫째 반박에 대한 답변과 연관된다. 즉, "생각 속에 있는 것이 실제로 존재한다고 할 수 없다"는 가우닐로의 둘째 반박에 대해서 안셀무스는 그것이 일반적인 사실임을 인정했다. 그러나 일반적인 사실의 예외가 하나 있는데, 바로 "그것보다 더 큰 것을 생각할 수 없는 어떤 것"이라는 개념이라는 것이다. 만일 누군가가 "그것보다 더 큰 것을 생각할 수 없는 어떤 것"이라는 개념이 오직 마음속에만 존재한다고 주장한다면, 실제의 대상을 가리키는 생각을 떠올리는 것은 가능한 일이라고 한다. 그리고 그것은 곧 "그것보다 더 큰 것을 생각할 수 없는 어떤 것"을 의미하는 것, 말하자면 신을 의미하는 것이라고 한다.

존재론적 신증명에 대한 토마스 아퀴나스의 비판

토마스 아퀴나스의 비판은 그의 대표작인 『신학대전』에 세 가지 형태로 나와 있다.

첫째 비판은 모든 사람들이 신을 "그것보다 더 큰 것을 생각할 수 없는 어떤 것"이라고 생각하지는 않는다는 것이다. 말하자면 스토아학파 사람들은 신을 육신을 지닌 것으로 생각했다는 것이다. 그래서 아퀴나스는 신을 "그것보다 더 큰 것을 생각할 수 없는 어떤 것"이라고 전제하는 것이 합당하지 않을 수도 있다고 말한다.

둘째는 모든 사람들이 안셀무스의 정의가 주장하는 바를 다름 아닌 신을 겨냥한다고 가정하는 경우이다. 그러면 사유된 존재는 실재 안에서 존재하는 것으로 이해된다는 것에 따르지 않고 오로지 지성의 개념으로만 존재한다는 것이다.

셋째 비판은 "그것보다 더 큰 것을 생각할 수 없는 어떤 것"이 존재한다고 인정하는 것을 제외하고는 그것이 실재 안에 존재한다는 것은 증명할 수 없다는 것이다. 따라서 이 정의는 신의 비존재를 주장하는 자들을 염두에 두고 있지 않다는 것이다. 그러므로 무신론자들은 안셀무스가 출발점으로 삼는 동일한 전제를 부인하게 될 것이라고 비판했다.

토마스 아퀴나스는 결국 아리스토텔레스적인 전통에 따라 신의 존재를 후천적인(a posteriori) 경험으로 증명하고자 했다. 그래서 선천적인(a priori) 방법으로 신을 증명하고자 한 안셀무스의 주장을 거부했다. 말하자면 그는 신의 존재가 '스스로에 의하여' 알려진다는 존재론적 유형을 부정하고, 신의 존재는 '우리에 의하여' 알려진다는 아리스토텔레스적인 우주론적이고 경험론적 방법을 신뢰하고 있는 것이다.

진리론

앎(인식)의 원리로서의 변증론

안셀무스의 대화편들에서 나타나는 사유의 형태는 이성으로 설명할 수 있는 변증론과 밀접한 연관이 있다. 그의 변증론은 인간 정신이 인식 목적, 즉 최고의 인식 목적인 신이나 진리 자체에 도달하기 위한 일종의 철학적이며 학문적인 방법론이라고 할 수 있다. 그의 변증론의 가장 주된 특징은 신과 독백하는 형식으로 인간 정신과 신적인 진리를 일치하게 하고자 하는 데 있다. 독백은 자기 스스로를 사유하는 것이며, 이러한 독백을 통해서 인간 내면에 있는 신과의 모사성(신이 인간을 스스로의 모습으로 창조했다), 즉 인간의 초월적인 근원을 재인식하고자 하는 것이다.

안셀무스의 변증론은 우선 그가 사용하는 명상(meditatio)이라는 개념이 지니는 특징에서 그 고유한 점을 찾을 수 있다. 명상이라면 일반적으로 어떤 것에 대해서 생각하는 것이다. 명상은 인간의 감각적 능력과 더불어서 가능한 것이 아니라, 정신적인 능력과 더불어서 가능한 것이다. 그러므로 명상은 인간 정신이 진리 인식을 위해서 노력하는 것이라고도 볼 수 있다.

그러나 안셀무스는 명상이라는 개념을 일반적인 의미와는 구분해서 사용하고자 했다. 말하자면 그는 사고(cogitatio)와 관조(contemplatio)라는 개념들을 자주 사용하는데, 이 두 개념들 또한 명상과 마찬가지로 어떤 것에 대해서 생각하는 것을 뜻하며, 아울러 진리 인식으로 나아가는 방법이라고 한다. 그래서 이 두 개념은 일반적인 의미에서는 명상과 구분이 되지 않고 동일하게 사용된다고 한다.

그러나 안셀무스는 엄밀한 의미에서 명상이라는 개념을 사고와 관조라는 개념과는 분명히 구분해 사용하고 있다. 안셀무스에게 사고(cogitatio)라는 개념은 실제로 존재하는 구체적인 대상에 대한 생각이다. 그래서 그는 사고라는 개념은 현상에 존재하는 대상을 단지 내용적으로만 규정하는 것으로 이해한다.

안셀무스는 관조(contemplatio)라는 개념을 초자연적인 정신의 능력, 즉 신적인 능력에 해당하는 것으로 사용하고 있다.

그래서 관조는 보이지 않고 추상적인 개념들을 직관적으로 조명하는 능력으로 생각했다.

그러나 안셀무스는 명상(meditatio)을 사고나 관조와는 달리 순전히 타고난 인간의 정신적 능력으로만 생각하지 않고, 그러한 능력에다 교육과 수련을 통해 얻은 사고의 형태로 보고자 한다. 그래서 명상은 사고의 더 높은 형태로 간주할 수 있다. 만약에 인간이 신의 본질과 같은 최고의 본질(최고의 진리)에 도달하고자 한다면, 당연히 인간은 그가 가지고 있는 또는 가질 수 있는 최고의 능력으로 그것에 도달하도록 노력해야만 할 것이다. 말하자면 그는 나머지의 다른 낮은 능력으로는 자신보다 높은 존재를 결코 인식할 수는 없을 것이라고 보았다.

인간은 자신의 근원인 최고의 본질 혹은 진리를 아는 것이 불가능하다고 생각할 수도 있을 것이다. 그러나 안셀무스는 인간 자신의 근원인 최고의 본질로 나아가는 길을 제시하려고 했다. 이것이 바로 명상으로 실행하는 변증론의 이성적 형식이다. 명상이란 정신이 교육과 훈련을 통해서 훨씬 더 이성적인 행위로 나아가는 논리적이고 체계적인 사고 형식이며, 변증론도 또한 사고의 논리적 행위이다. 그러나 이러한 사고의 논리적 행위는 단지 추상적이고 내용이 없는 개념들하고만 관계를 하는 것은 아니고, 일상적으로 사용되고 있는 표현들이나 언어들과도 관계하고 그것을 연구한다. 따라서 변증론은 단지 순수한 언변술로만 생각할 수는 없는 것이다. 변증론은 훨씬 더 실제적인 연구이며, 실제의 내용들을 논리적으로 추론하는 것으로 생각할 수 있다. 물론 안셀무스에게 있어 변증론의 첫째 관심은 진리, 즉 최고의 진리를 찾고자 하는 것에 있으며, 또한 진리를 추구하는 것은 모든 인식의 중심 문제이기도 하다. 바로 이러한 이유로 안셀무스는 변증론을 진리 인식의 원리로 간주하고 있는 것이다.

안셀무스의 변증론이란 앎에 도달하기 위한 사유의 방법론적인 실행이기도 하다. 사유의 실행이란 우선 명상의 형식을 통해서 그리고 인간의 이성(ratio)으로 실행하는 인식 행위를 말한다. 그러므로 그의 변증론에서 주된 역할을 하는 것은 의심할 여지없이 이성이라고 할 수 있다.

또한 안셀무스에 따르면 이성이란 인간 정신의 최고 능력이며, 우리 자신의 무지를 일깨워주는 것이기도 하다. 그래서 이성은 곧 '자기인식'의 능력이 된다. 그리고 이성이 무지에서 앎과 진리인식으로 나아가게 하는 것이 바로 안셀무스가 말하는 진리인식의 변증론적인 방법의 과제인 것이다. 왜냐하면 안셀무스는 진리를 인간의 외부에서 찾으려고 한 것이 아니라 우리 자신, 즉 우리의 내부에서 찾으려고 하기 때문이다. 이것은 곧 우리가 우리의 근원에 대한 해명을 우리 자신에서 찾으려고 하는 것과 다를 바가 없다. 따라서 변증론은 자신이 자신과 대화(독백)를 하는 것으로 이해할 수 있으며, 인간 이성이 스스로 인식하는 과정이며 또한 스스로가 자신 안에 기거하고 있는 진리를 인식하고 파악하는 과정인 것이다. 그러므로 안

셀무스의 변증론은 **이성만으로** 앎(진리, 인식)에게로 나아가려
는 계획으로 간주할 수 있는 것이다.

인식(앎)의 목적

안셀무스의 진리론 혹은 인식론의 목적은 진리, 즉 최고 진
리에 대한 해명이라고 할 수 있다. 이것은 비단 안셀무스만의
목적이 아니라 대부분의 철학자들이나 신학자들이 가지고 있
는 중심 문제이기도 하다.

안셀무스는 앎, 즉 인식에 대한 문제를 해명하기 위해서 그
의 주저인 『모놀로기온』의 서론부에서 명확하게 이야기하고
있다. 말하자면 이성(ratio), 즉 **이성만을** 진리 인식의 출발점
으로 상정한다는 것이다. "만일 인간이 단지 평균의 (보통의)
능력을 지니고 있다면, 그는 최소한 그의 이성에 의해서 그리
고 이성의 인도에 의해서 진리를 알 수 있다는 것을 확신할
수 있다." 그리고 안셀무스는 이성이 단지 앎의 출발점으로만
그치는 것이 아니라, 앎의 과정의 끝, 즉 인식이 완성될 때까
지 작용한다고 이야기한다. 이것은 결국 이성이 앎(인식)의 전
반에 작용하는 것을 의미한다. 이성에 의해서 진리의 인식이
시작되고 또한 파악되며, 결국에는 이성에 의해서 진리의 인
식, 즉 앎이 정립되고 완성된다는 것을 의미하는 것이다.

이것은 인간 이성이 우선 스스로를 알고자 하고, 계속해서
최고의 인식 대상인 신에 대한 앎으로 나아가는 것을 뜻한다.

여기서 안셀무스는 이성이 두 단계의 인식 과정, 즉 자기인식과 신인식의 단계를 갖고 있다는 것을 이야기하고자 한다. 인간의 이성은 스스로를 반성하고자 하며 또한 스스로를 알고자 노력하고, 마지막에는 자기인식에 도달해야만 그 다음으로 진리 혹은 신에 대한 앎으로 나아가는 가능성을 부여받는다는 것이다. 이것은 결국 앎이나 인식, 즉 신인식으로 나아가기 위해서는 인간 스스로의 인식, 즉 자기인식이 전제되어야 함을 의미하고 있는 것이다.

유사함

인간 정신이 자기인식에 도달하는 순간을 안셀무스는 유사함(similitudo)이라고 부른다. "유사함에 의해서 점점 더 자신의 인식에 접근하는 것은 분명하다. 왜냐하면 창조물 가운데서 가장 우수한 본질인 인간은 정신에 의해서 그가 지니고 있는 최고 본질과의 유사함과 가장 우수하게 창조된 스스로의 본질을 연구할 수 있기 때문이다." 안셀무스에 따르면 인간 정신은 신의 모상(imago dei)이며, 그것이 최고로 도달 가능한 단계로 이해하는 유사함으로 이끈다고 한다. 유사함에 대한 이러한 생각은 분명 최고의 진리를 인식하기 위한 안셀무스의 사상에서 나타나는 새로운 요소임에 틀림없다. 인간 정신은 단지 유사함 안에서만 최고의 진리를 인식할 수 있는 가능성을 지닌다는 것을 의미한다. 그래서 인간 정신은 자신의 참된 본질을 알고 신과 인간 정신의 유사함을 스스로 인식하고 발견하기 위해서 자신의 내면으로 침잠해야만 된다는 것이다.

안셀무스는 최고의 진리인 신을 알기 위한 두 가지의 사유 과정에 대해서 논하고 있다. 첫째 사유의 순간에서는 전적으로 정신 스스로에게로 침잠하여 자신과 자신의 원리를 파악하려고 시도한다. 인간 정신은 스스로를 밝히고 자신의 근원이 무엇인가를 밝히려고 하는 것이다. 다음 단계의 사유 순간은 완전한 신인식에 도달하기 위해 인간 정신 스스로가 정립한 것을 넘어야만 하는 순간이다. 안셀무스는 이러한 순간을 정신으로서의 유사함(similitudo)이라고 말한다. 그래서 그는 "어떤 한 인식에 더 가까이 도달하기 위해서는 자신이 지니는 유사함에 의해서 가능하다"고 이야기한다.

안셀무스의 유사함에 대한 생각은 우선 인간이 신의 모상이라는 것에서 출발하면서, 인간 정신의 근원을 신에게서 찾는 데 있다고 할 수 있다. 그리고 이러한 것은 단지 정신이 스스로에게 질문하고 그리고 자신의 본질이 신과 닮았다고 인식할 수 있을 때에만 가능하다. 인간 정신은 단순히 현상의 사물이나 대상들을 사유하는 데 그치는 것이 아니라, 자신의 전체를 이해하고, 더 나아가서 하나의 새로운 관계로서, 말하자면 정신 스스로가 신과 유사함을 지니고 있다는 점에 귀착해야만 된다는 것이다. 이러한 생각, 즉 인간 정신과 인간 정신이 사유하는 신과의 관계가 안셀무스에게 신인식에 대한 사유의 가능성을 제공하는 것이다. 다시 말해서 신에 대한 숙고는 인간 정신이 신의 모상 또는 신과의 유사함을 지니고 있다는 점을 분석하는 것으로만 가능하다는 것이다.

그리고 이러한 유사함에 대한 사유에 따르면, 신은 더 이상 인간 정신과는 다른 영역, 즉 피안의 세계에 존재하는 것이 아니라, 인간 정신의 가장 내면에 존재하는 것으로도 이해할 수 있다는 것이다. 따라서 인간 정신이 신을 인식하는 과정은 정신 스스로를 파악하고 동시에 그것을 스스로 넘어설 때에 가능하다는 것을 말한다. 그래서 안셀무스는 "더 명백한 것은 이성적인 정신이 신인식으로 상승하기 위해서는, 정신 스스로가 훨씬 더 열정적으로 자신을 이해하기 위해서 노력해야만 한다"고 이야기하는 것이다.

이렇듯 인간 정신의 과제는 신과 인간 정신 사이에 있는 유사함을 아는 것이라고 할 수 있다. 그리고 이러한 유사함은 진리의 존재론적인 척도 혹은 기준으로도 이해할 수 있다. 왜냐하면 **유사함**은 결국에는 신적인 것과 스스로 연결되며 또한 신적인 것에서 그의 척도(기준)를 받아들이기 때문이다. 이것은 결국 인간이 신의 모상이라는 점을 전제하지 않고서는 신, 즉 진리에 대해서 사유할 수 없고, 오직 인간이 신의 모상이라는 관계 안에서만 신인식이 가능하다는 것을 의미한다.

이러한 이유로 안셀무스는 그의 인식론의 목적을 인간 정신 안에 있는 최고의 진리로서의 신을 찾고자 하는 데 두었다고 할 수 있다. 그리고 여기에서 주된 역할을 담당하는 것으로 인간 정신(mens humana)에 내재하면서 정신을 이끌며 완성하며 또한 인간 정신의 자기인식과 신인식을 정립하는 이성(ratio)을 상정한 것이다. 그래서 이성은 진리인식에 대한 열정에 단초를 제공하며, 아울러 스스로 진리인식으로 나아가게 되는 것이다.

인식의 길

안셀무스는 진리 개념을 통해서 인간이 인식할 수 있는 최고의 대상에 대해서 이야기한다. 안셀무스에 따르면, 진리 개념은 개별적인 사물들의 진리로부터 시작하여, 나아가서는 유일하고 최고의 진리(summa veritas)인 신에게로 나아가게 된다.

최고의 진리로서의 신은 아마도 인간이 인식하는 것이 불가능할지도 모른다. 그러나 신을 그대로 닮은 신의 모상이라는 의미와 연관해서 인간을 생각하면, 최고의 진리로서의 신은 인간이 스스로의 인식을 통해서 추구하는 근원이자 원인이될 수 있다. 이러한 자기인식이 안셀무스에게는 진리인식에 대한 출발이자 동시에 끝으로서의 완성인 것이다. 왜냐하면 신인식이라는 것은 방법론적으로 인간에게 있어 한계이기 때문이다.

그리고 이러한 한계로서의 신인식은 인간에게 인식의 새로운 단초를 제공한다. 말하자면 비록 신을 인식하는 것이 방법론적으로는 인간 인식의 한계일 수도 있지만, 그 한계가 인간의 사유의 영역에서 완전히 벗어나는 것은 아니고, 그 한계가 인간의 사고 영역으로는 존재한다는 것이다. 만일 최고의 진리로서의 신이 필연적으로 사유할 수 있는 것이라면, 분명히 인간 이성이 신을 사유할 수 있다는 것 또한 명백할 것이다. 이러한 인간 정신이 신, 즉 최고 진리와 연결되어 있다는 점이 바로 진리인식의 가능성을 열고 있다는 것을 의미하고 있는 것이다.

개별적인 사물들의 진리들로부터 최고의 진리, 즉 신인식으로 나아가는 길은 안셀무스에게 있어서 인간 이성의 행위에 의해서 결정적으로 규정되고 있다. 이러한 의미는 인간이 직접적으로 최고의 진리인 신을 보는 것이 아니라, 인간은 단지 인간적인 사유에서의 신개념만을 볼 수 있다는 것을 말한다. 그래서 안셀무스는 "신에 대한 앎은 인간 정신에 의해서 직접적으로 되는 것이 아니라, 인간이 지니고 있는 신과의 유사함에 의해서 점차적으로 알게 된다"고 하는 것이다. 인간 정신은 최고의 진리인 신에게 직접 도달할 수가 없을 것이다. 왜냐하면 인간 정신은 신과의 관계에서는 항상 '어떤 것에 의한 (per aliud)' 정신이기 때문이다.

그러나 인간 정신이 무능하지만 최고의 진리인 신은 인간 정신이 궁극적으로 추구하는 인식 목적임은 분명하다. 그리고 그러한 목적에 우리 인간의 고유한 정신적 능력으로 도달할 수 없다면, 즉 완전한 신인식에 도달할 수 없다면, 우리는 당연히 '유사함에 대한 사고'에서 그 가능성을 찾아야 할 것이다.

'유사함에 대한 사고'란 이미 거론한 바가 있듯이, 인간 정신이 스스로에 대해서 질문하고 또한 생각하는 것을 의미한다. 즉, 인간 정신이 스스로의 반성을 통해서 신을 인식하고자 하는 것이다. 인간 정신은 외부적인 대상만을 사고하는 것이 아니라, 정신 스스로에 대해서도 사유하고 파악한다. 인간 정신은 내적으로 신과 유사함을, 즉 신의 모상(신과의 유사함)으로서의 자신에 대해서 생각을 한다. 이러한 사유로부터 신은 다시 인간의 인식 대상이 되며, 인간 정신과 인간 정신에 의해서 사유되는 신의 관계로서 다시 정립이 되는 것이다. 그러면 신은 더 이상 인간의 가장 외적인 인식 가능성이 아니고, 인간 정신의 가장 내적인 인식 대상으로서 인간 정신에 있는 것이 될 수 있다. 만일 인간 정신 스스로가 신의 모상임을 이해한다면, 신이 인간 정신의 가장 내적인 본질이라는 것을 이해할 수 있을 것이다.

그러나 만일 인간 정신이 이러한 정신의 가장 내적인 본질을 이해하지 못한다면, 스스로의 인식, 즉 자기인식도 가능하지 않을 것이다. 바로 이러한 이유에서 안셀무스는 다음과 같은 주장을 한다. "아주 분명한 것은, 이성적인 인간 정신은 훨씬 더 스스로의 인식으로 나아가야 하며, 훨씬 더 열정적으로 스스로를 알려고 해야 하며, 스스로의 빛으로 훨씬 더 스스로를 직관해야 한다." 결국 안셀무스는 인간 정신에서 신인식으로 나아가는 길은 인간 정신이 스스로의 인식으로 나아가는 것을 말하고자 한 것이다.

그러므로 우리는 진리 인식을 위해서 우리의 정신 자체를 올바로 이해해야 하며, 아울러 신과의 관계에 있는 인간 정신 스스로에 대해서도 사유를 해야만 할 것이다. 그렇기 때문에 안셀무스에게 인간 정신은 최고의 진리인 신에 대해서 탐구하는 유일한 존재일 뿐만 아니라, 자기 스스로의 인식으로부터 그러한 질문에 해답을 제시할 수 있는 유일한 존재가 되는 것이다.

이성

안셀무스는 인간 정신이 진리를 인식하는 데 결정적인 역할을 수행하는 능력으로 이성(ratio)에 대해서 이야기한다. 이성이란 안셀무스에 따르면 모든 인간 정신의 능력 가운데서 최고의 인식 능력을 의미한다. 그래서 그는 "이성은 모든 것의 원리이며 또한 심판자(princeps et iudex omnium)"라고 말하고 있다. 이것은 이성이 정신 능력 가운데 최고의 능력임을 나타내고 있는 말이다.

또한 이성은 인간이 생각할 수 있고 생각하는 모든 것(omnia), 즉 인간에 관한 모든 것과 인간이 관계하는 모든 것에 대해서 사유를 한다고 안셀무스는 말한다. 그래서 이성은 모든 것의 원리로 간주할 수 있다. 이성은 스스로를 사유하면서 또한 모든 것의 사유를 시작한다. 그리고 이성은 신을 인식하기 위해서 스스로 사유를 시작할 수 있다. 만일 이성이 스스로를 사유한다면, 이성은 이미 타자와의 관계에 있다. 그러나 이 타자는 이성의 타자가 아니라, 이성과의 관계 안에서의 타자요, 이성의 자기 관계성 안에서의 타자를 의미한다.

이러한 사유 관계와 인간 이성의 자기 관계성은 신인식에도 그대로 적용된다. 만일 이성이 스스로 신에게로 향한다면, 이성은 스스로에게로 귀환하는 것이다. 그리고 만일 이성이 스스로에게로 귀환한다면, 이성은 이미 신에게 있다. 신은 이성에게 외부적이고 우연적인 것이 아니다. 신은 이성이 신에 대해서 생각하자마자, 이미 이성에 스스로 부가한다. 이성 스스로도 마찬가지로 신에 대한 사고에서는 우연적인 것이 아니다. 신은 스스로가 이성에게 자신을 사유하게 하며 인식하게 한다. 이러한 방식으로 안셀무스는 『모놀로기온』의 서두에서 이성의 능력에 대해서 이야기하며, 아울러 이성을 신인식의 유일한 조건으로 받아들이고 있다.

그러나 그것은 인간 이성이 단지 신인식이나 최고의 진리를 인식할 수 있는 가능한 조건이지, 결코 신을 인식하는 필연적인 조건이라는 것을 뜻하는 것은 아니다. 이러한 의미에서 이성은 신적 정신(spiritus)이라는 개념과는 분명히 구분이 된다. 왜냐하면 신적 정신은 인간 정신의 능력이 아니라, 최고의 정신, 말하자면 신 자체를 의미하기 때문이다. 신인식에 대한 필연적이고 완전한 조건은 단지 신 자신만이 갖고 있을 뿐, 다른 모든 것들은 단지 신인식을 위한 순수한 가능성 또는 가능한 조건일 뿐이다. 따라서 이성은 신인식에게로 나아가기 위한 하나의 가능성인 것이다.

이성이 신인식에게로 나아가려고 하는 한에서 이성의 과제는 명백해진다고 할 수 있다. 말하자면 이성이 신인식에 접근하기 위해서는 이성 스스로가 완전함에 도달해야만 한다는 것이다. 이것은 결국 인간 이성이 스스로의 인식, 즉 자기인식에 도달해야 함을 뜻한다. 단지 이성의 자기인식에 의해서만 신인식에 대한 가능성이 주어지며, 동시에 인간 이성과 신의 연결이 가능하게 될 수 있다는 것이다.

인간의 이성은 신적 정신과는 본질적으로는 동등하지 않기 때문에 신을 본질적으로는 동등하게 그리고 직접적으로 바라보거나 이해할 수 없을 것이다. 그래서 인간 이성이 신을 인식하고자 한다면, 우선 스스로의 반성이나 자기이해를 통한 자기인식에 도달해야만 하는 것이다. 말하자면 자기인식이 바로 이성이 신인식으로 나아가기 위한 우선 과제이며 동시에 이성이 지니고 있는 고유성 그 자체라는 것이다.

자기인식과 올바름

안셀무스에 따르면 이성의 과제는 이성 스스로의 인식, 즉 자기인식이다. 그래서 이성은 분명 자기 스스로를 인식의 대상으로 삼는다고 할 수 있다. 이러한 것은 안셀무스가 말하는 '반영(speculum, 거울)'이라는 표현에서 특히 잘 나타나 있다. 반영이란 안셀무스에 따르면 자신을 비추어 볼 수 있는 거울이다. 이성은 거울을 보듯이 자신을 스스로 반성하고, 이러한 반성을 통해서 자신이 지니고 있는 신의 모상을 인식한다는 것이다. 이것은 달리 말하면, 이성이 신을 인식하기 위해서는 자신 스스로를 명상해서 자기인식에 도달해야 하며, 자기 자신에게 있는 신의 모상을 인식해서 최고의 단계로 올라가야 한다는 것을 뜻하는 것이다.

이러한 점은 다음과 같이 이야기할 수 있을 것이다. 신과 정신의 관계는 거울과 같고, 거울은 타자 안에 있는 자신을 반영하는 것이며, 자신을 통하지 않고서는 다른 것이나 신의 인식으로 나아가지 못한다. 인간의 정신은 자신의 모습을 거울 속에서 보듯이 스스로의 명상을 통해서 모든 것의 인식으로 나아간다. 말하자면 자신으로부터 타자에게로 나아가는 것을 의미하고, 이것은 결국 자기인식 안에 신에 대한 인식이 있다는 것을 말하는 것이다. 그리고 이것은 또한 인간이 자기인식이나 신인식으로 나아가기 위해서는, 인간 이성이 항상 자기 스스로에 대해서 끊임없이 명상을 해야만 한다는 것을 뜻한다.

자기 스스로의 사유로서 이성은 우선 인간 정신의 한계점, 즉 인간 정신이 나아갈 수 있는 최고 단계까지 상승해야만 하고, 그 다음에 인간 정신과 신과의 통일 혹은 일치로 나아가야 한다. 이성은 이러한 두 개의 정신적인 단계를 통일하는데, 그것은 두 개의 이성적 기능으로 설명할 수 있을 것이다.

안셀무스에 따르면 이성은 우선 두 가지의 기능을 갖는다. 그것은 '구분하고(discernere)' '판단하는(iudicare)' 능력이다. 이성은 정당하지 못한 것과 정당한 것을, 참되지 못한 것과 참된 것을, 선하지 못한 것과 선한 것을 그리고 어느 정도 선한 것과 훨씬 더 선한 것을 구분한다고 한다. 또한 이성은 어떤 것이 참으로 선하며 선하지 않는가를, 그리고 어떤 것이 덜 선하고 더 선한가를 판단한다고 한다. 그리고 이러한 이성의 구분 능력과 판단 능력은 단지 명백한 척도(기준)로만 실행된다. 또한 명백한 척도는 인간 정신의 외부에 있지 않고, 인간의 이성 안에 스스로 존재하고 있다고 한다. 이러한 이성 안에 내재하고 있는 명백한 척도는 안셀무스의 진리론의 가장 핵심이 되는 개념이자 모든 진리의 기준으로 간주되는 '올바름(rectitudo)'의 의미와 일치한다고 할 수 있다. 그래서 이성이 구분하고 판단하는 것은 이성 스스로의 내적이고 필연적인 척도로 가능한 것이다.

이러한 맥락에서 우리는 이성과 올바름의 관계에 대해서 이야기할 수 있을 것이다. 말하자면 이성은 진리나 신인식의 능력이며, 스스로의 사유에 의해서 자기인식에 도달할 수 있으며, 자기인식 안에서 진리, 즉 신을 인식할 수도 있다는 것이다. 그러나 올바름은 진리를 인식하는 인식 능력이 아니라, 진리의 척도이며 진리 자체의 필연적인 조건으로 간주된다. 그리고 이성은 참되지 못한 것들에서 참된 것을 구분하고 판단하는 진리의 척도를 필요로 한다. 이러한 이유로 이성은 진리의 척도인 올바름을 인식하기 이전에는 진리를 알 수 없다는 것이다. 왜냐하면 이성은 단지 이러한 척도, 즉 올바름으로만 진리에 이를 수 있기 때문이다.

그러나 이성은 이러한 진리의 척도인 올바름을 스스로 지니고 있다. 이성은 진리의 척도를 이해하기 위해서 단지 자기 스스로를 사유해야만 한다. 만일 이성이 올바름을 이해한다면, 이성은 스스로 파악한 올바름과 더불어서 진리의 인식으로 나아가게 된다는 것이다. 왜냐하면 올바름은 진리가 참으로 진리인가, 즉 올바른 진리인가를 결정하기 때문이다. 이러한 의미에서 올바름은 인간 정신의 자기인식과 같다고 할 수 있다. 왜냐하면 '**올바름은 단지 인간 정신으로만 도달할 수 있는 진리**'이기 때문이다.

이성을 통한 진리 혹은 신인식에 관한 안셀무스의 논의는 신학적인 영역에 있는 것이 아니라, 철학적-인식론적인 영역에 있다는 것이 명백하다. 그리고 여기에서 중심 문제는 직접적으로 신인식에 대한 문제가 아니라, 인간의 정신에 깃들여 있는 신인식(진리 인식)에 대한 가능성과 필연성을 확립하고자 하는 것이다.

그러한 까닭으로 이성은 이중적인 특징을 갖는다고 볼 수 있다. 첫째로 이성은 스스로 도출할 수 있는 모든 것들과 더불어서 사물을 파악하고, 다음으로는 이성이 자기 상승에 의해서 새롭고 훨씬 더 높은 단계에 대해서 사유한다. 이렇듯 스스로를 사유하고 반성하고 명상함으로써 자기 자신에 내재하고 있는 가능성, 즉 진리인식에 대한 가능성과 필연성을 아는 것이 바로 자기 상승을 의미하며, 아울러 이러한 사유의 형식이 바로 플라톤적인 선험적인 사유, 즉 자신의 내면에 비밀스럽게 머무르고 있는 진리를 인간 이성의 부단한 노력인 재인식 혹은 재기억을 통해서 드러낼 수 있다는 것을 의미하는 것이다.

의지론

　안셀무스는 자신의 『조화론』에서 의지를 인식의 원동력으로 파악하면서 세 가지의 관점 혹은 단계에서 이야기를 한다. 즉, 의지(voluntas)는 도구(instrumentum)로서의 의지, 의지의 경향(affectio) 그리고 의지의 사용(usus)이라는 세 가지 의미를 갖는다는 것이다.

　도구로서의 의지, 즉 도구적 의지는 이성과 마찬가지로 영혼의 능력으로 규정하는 것이다. "육신이 다섯 가지의 감관을 가지고 있듯이, 영혼도 자신을 실행하는 일종의 도구와 같은 능력들을 지닌다. 말하자면 영혼이 사유할 수 있는 것은 영혼 속에 있는 이성이라는 일종의 도구에 의해서 가능하다. 마찬가지로 영혼이 무엇인가를 원할 수 있는 것은 영혼 속에 있는 의지라는 것에 의해서 가능하다"라는 것이다. 의지는 영혼의 능력이고, 영혼의 도구로서 무엇인가를 원하고 실행하고자 하는 것이다. 그러나 안셀무스는 이러한 영혼의 도구로서의 의지, 즉 도구적 의지는 직접 무엇인가를 원할 수 없다고 한다. 그리고 바로 이러한 이유에서 의지는 무엇인가를 원하기 위해서 다른 근거를 필요로 하며, 필요한 그것이 바로 일종의 순수하고 가능성이 있는 상태인 도구적 의지에서 능동적이며 실행의 상태로 넘어가는 의지의 경향이다.

의지의 경향(affectio)은 의지에 내용적인 규정과 원하는 것을 실행하기 위해서 필요한 것을 제공한다. 그러나 이 단계의 의지는 사유와 무관하다. 즉, 원하는 것을 사유하지 않고서도 이 의지의 경향은 실행될 수 있다는 것이다. 그러나 의지의 사용(usus)은 인간이 그가 원하는 것을 생각했을 때에만 가능하다고 한다.

안셀무스는 비록 구분은 하지만 실제적으로는 도구적 의지와 의지의 경향이 서로 다르다고 생각하지는 않는 듯이 보인다. 왜냐하면 도구적 의지가 단독으로는 자신의 행위를 실행, 즉 원할 수 없기 때문이다. 단지 의지의 경향에 의해서 의지는 무엇을 원하는지를 동시에 할 수 있고(원할 수 있고, 의지의 순간), 그리고 원하는 것을 할 수 있는 것이므로, 도구적 의지와 의지의 경향은 서로 분리해 생각할 수 없다는 것이다. 이 단계의 의지는 스스로 움직이기 위해서, 즉 원하기 위해서는 다른 외부적인 규정 등이 필요하지 않다. 그저 의지가 원하는 것을 실행하면 되는 것이다. 그래서 모든 사람은 자신의 의지가 하고자 하는 대로 하면 된다.

그러나 안셀무스는 여기서 의지가 갖는 두 가지의 근본 경향에 대해서 이야기한다. 즉, 의지는 행복(통속적인 바람)으로 나아가려 하거나 아니면 올바름(고유한 바람)으로 나아가려고 한다는 것이다. 이 행복 혹은 좋은 것으로 나아가려는 경향을 지니는 의지는 인간의 본성적인 측면이라서 결코 인간이 버릴 수 있는 것이 아니지만, 반면에 올바름으로 나아가려는 의지는 인간의 본성적인 면이 아니기 때문에 인간이 잃어버릴 수 있다고 한다.

그리고 이러한 의지의 두 가지 근본 경향은 인간이 노력하기에 따라서 의지가 행복이나 좋은 것으로 나아가거나 아니면 올바름으로 나아간다.

올바름으로 나아가는 경향의 의지는 결코 악으로 나아가지 않고, 악의 원인이 되지 않으며, 항상 선한 것으로만 향한다. 왜냐하면 올바름을 향한 의지는 올바름을 이미 지니고 있고, 올바름을 지닌 의지는 결코 거짓됨이나 악으로 나아가려고 하지 않기 때문이다. 즉, 올바름을 향한 의지와 올바름은 같다. 그러나 행복이나 좋은 것으로 나아가려는 경향을 지닌 의지는 악의 원인이 될 수가 있다. 왜냐하면 이 경향의 의지는 행복이나 좋은 것을 이미 지니고 있는 의지가 아니라 그것을 원하는 것이기 때문이다. 그렇기 때문에 항상 올바름의 의지와 더불어서 행복이나 좋은 것을 원해야만 그것이 가능할 것이다. 그러나 만일 인간이 올바름을 잃어버린다면 올바름에 대한 의지도 잃어버리게 될 것이고, 그러면 선을 지향하는 대신 악을 지향할 수도 있게 될 것이다. 즉, 의지가 악으로 나아가느냐 그렇지 않느냐는 결국 인간이 올바름을 갖고 있느냐 그렇지 않느냐에 달려 있다. 말하자면 올바름은 행복이나 좋은 것, 즉 통상적인 바람(통상적인 의지)에 도달할 수 있는 일종의 척도 혹은 조건이라고 할 수 있다. 따라서 안셀무스는 인간이 올바름의 의지를 갖고자 노력하는 한 결코 악을 원하지 않고 더불어서 행복이나 좋은 것을 원할 수 있다고 생각했다.

결국 안셀무스는 의지론에서 인간은 올바름의 의지를 갖고자 혹은 잃어버리지 않도록 꾸준히 노력해야만 한다는 것을 강조하고 있다. 그리고 그것과 더불어서 항상 참되고 올바른 것, 즉 최고의 진리인 신에게로 나아갈 수 있다고 한다. 즉, 올바름에 대한 의지는 인간에 머무르고 있는 신의 의지이기 때문이다.

의지의 사용은 생각한 것을 원하고 행하는 것이다. 즉, 행위와 원함(의지)이 종합된 것이다. 예를 들어 '지금 나는 무엇인가를 보려는 생각을 갖고 있고, 나는 보려고 원한다. 그리고 나는 본다'는 것은 결국 내적인 사유 혹은 원함이 행위로써 외부로 드러나는 것을 의미한다. 우리가 지금까지 보아왔듯이 안셀무스가 말하고자 하는 의지는 단순히 그저 무엇인가를 원하는 것이 아니라, 원해야 할 바를 분명히 생각하고 난 이후에 행동으로 드러나는 것이다. 그래서 인간은 자신의 의지로 한 행위에 대한 책임을 분명히 져야 하며, 안셀무스도 그 점을 강조하고 있다.

아무튼 인간은 의지에 의해서 자신이 원하는 것, 자신의 근원이자 창조주인 신에게로 나아갈 수 있는 가능성을 가지고 있다. 즉, 인간이 신을 알고자 원하고 또한 도달하기 위해서 올바름을 잃어버리지 않도록 노력하고 행한다면, 인간은 자신이 가지고 있는 의지에 의해서ㅡ혹은 자신에 머물고 있는 의지(올바름의 의지인 신의 의지)에 의해서ㅡ신에게로 나아갈 수 있는 가능성을 갖고 있다는 것이다.

이러한 안셀무스의 의지에 대한 사상은 보통 주의주의主意主義의 대표자로 인정받는 둔스 스코투스의 의지에 대한 사상에도 영향을 끼치게 된다. 둔스 스코투스는 인간의 이성보다 의지를 더 강조하고 있다. 그는 의지를 두 가지로 구분해서 이야기한다. 일반적인 의미에서의 의지, 즉 어떤 것을 단순히 선택하기를 원하는 단순한 의미에서의 의지(affectio commodi)와 항상 올바른 것만을 원하는 고유한 의미에서의 의지(affectio iustitiae)가 있다고 생각한다. 그리고 인간의 이성이 단순한 의미의 의지를 움직이게 한다고 보았다. 그러나 고유한 의미에서의 의지는 인간 이성의 범위를 넘어서는 것으로서, 이미 항상 올바르고 선한 본성인 신에게로만 향하고 있다고 생각한다. 따라서 의지는 이성보다 더 우월하다고 생각했다.

신플라톤주의

신플라톤주의와 안셀무스

　신플라톤주의의 가장 주된 특징은 '하나(일자, 동일성)'와 '다수(현상, 다수성)'간의 관계 속에서 서로가 구분되지 않고 동일(통일)하다는 것을 밝히는 데 있다. 말하자면 '하나'가 '다수'를 포함하고 있으며, 그것이 현상 세계에 '다수'로 드러나는 것이므로 둘은 본질적으로 동일하다는 것이다. 그래서 신플라톤주의자들은 현상 세계에 감추어져 있는 '하나'를 찾고자 노력한다. 또한 신플라톤주의자들은 현상 세계에 드러나지 않는 자신의 원천으로서의 '하나'를 추구하고자 한다.

　신플라톤주의자들은 인간을 항상 두 세계의 중간, 즉 현상 세계에서 '하나'의 세계인 진리로 나아가는 중간적인 단계에 있다고 생각한다. 그래서 현상 세계로부터 '하나'를 추구하고 자 하는 끝없는 열정이 무엇보다 중요하다. 왜냐하면 '하나'를 추구하고자 하는 것이 바로 인간을 진리의 세계에서 멀어지지 않게 하는 열쇠이기 때문이다. 만약 인간이 '하나'인 진리를 추구하지 않는다면, 인간은 진리 혹은 자신의 원천으로서의 '하나'에 대한 기억을 잃어버리게 되고, 따라서 영원히 본래의 세계로 돌아갈 수 없다는 것이다. 그래서 '하나'인 진리를 추구하는 한 인간은 항상 현상 세계에서 '하나'인 진리의 세계로 나아갈 수 있으며, 결국에는 현상 세계에서 '하나'의 모습을 발견할 수 있다는 것이다.

이것은 진리가 현상 세계에 있지만, 인간이 외적인 감각 능력의 불완전함을 알지 못하고 그러한 감각에만 의존함으로써 진리를 보지 못했던 무지함을 알고, 내면의 세계로, 즉 감각이 아니라 정신의 눈으로 현상 세계를 봄으로써 '하나'가 드러난 현상이 진리와 다르지 않음을 인식할 수 있다는 것을 의미한다. 말하자면 '하나'와 현상(다수)이 서로 다르지 않고 동일함을 뜻하는 것이다.

신플라톤주의자들은 그러한 '동일성(단일성, unum)'을 찾고자 하며 또한 강조하고 있는 것이다. '동일성'의 문제는 우선 신플라톤주의의 대표자로 알려진 플로티노스에게서 잘 나타나고 있다. 또한 그의 후계자들인 마리우스 빅토리누스와 아우구스티누스의 사상에도 잘 드러나 있다. 그리고 이러한 신플라톤주의적 동일성과 다양성의 문제는 안셀무스의 자기인식과의 관계에서 논의되는 '삼위일체론적 사유'와 '빛'의 개념에서 특히 잘 나타나 있다.

빛

안셀무스의 철학이 갖는 주된 특징은 '일자―者' 혹은 신神으로서의 진리에 대한 끝없는 추구라고 할 수 있다. 그리고 그가 찾고자 하는 일자는 이미 세상에 그리고 인간에게 명백하게 주어져 있다. 뿐만 아니라 그 일자는 스스로 그 모습을 드러내고 있다. 아니 너무 강렬하게 그 모습을 발하고 있다. 그러나 인간은 강렬하고 명백하게 주어져 있는 일자를 보지도 알지도 못한다. 인간의 능력으로 분명히 알 수 있는데도, 인간은 스스로의 우매함 때문에 그것을 알지 못하는 것이다.

일자 인식과의 관계에서 인간이 갖는 우매함(stultitia)은 크게 두 가지가 있다. 첫째는 인간 스스로가 일자에 대한 앎을 포기하는 것이다. 둘째는 잘못된 방법으로 앎에 도달하려고 하기 때문이다. 말하자면 감각에 의존해서 일자를 찾고자 하는 것이다. 안셀무스는 우선 일자에 도달하기 위해서는 이러한 인간의 우매함에서 스스로 벗어나야 함을 강조하고 있다. 그러기 위해서는 항상 스스로가 앎에 대한 열정과 의지를 가져야 하며, 아울러 자기 스스로를 바라보는 마음(내면)의 눈을 갖도록 노력해야만 한다. 그렇게 하면 인간은 자신의 우매함을 깨닫고 일자로서의 진리를 바라볼 수 있다는 것이다.

안셀무스에 따르면 일자를 깨닫는 길은 인간 스스로에게 주어져 있고, 그것을 깨닫거나 그렇지 않거나 하는 것도 모두 인간 스스로에게 달려 있다고 한다. 일자는 인간의 정신에 주어져 있고, 인간(정신)은 정신에 있는 일자를 자각할 수 있고 또한 스스로 인식해야만 한다. 이것이 인간 정신에게 주어진 과제이다. 그래서 일자로서의 진리에 대한 열정은 자신에 대한 열정 혹은 자기 사랑이라고 할 수 있다. 이미 내 자신에게 일자가 주어져 있으므로, 나를 알고자 하고 또한 나를 알고자 하는 내 정신을 사랑하는 것이 바로 일자에게로 나아가는 열쇠이자 해답인 것이다. 그래서 일자에 대한 탐구는 인간 정신의 자기 탐구라고 할 수 있는 것이다.

안셀무스는 이러한 일자에 대한 탐구로서의 자기 탐구(인식)를 '빛(lux)'이라는 개념과 연관해서 비유적으로 설명한다. 말하자면 '빛'이 일자 자체이며 또한 동시에 일자에게로 나아가는 길이기 때문에 인간은 현재 머물고 있는 '어둠(tenebrae)'에서 나와서 '빛'으로 나아가야 한다는 것이다. 그리고 빛은 다른 어떤 것에 의해서 빛을 발하는 것이 아니라, 스스로 빛을 발한다고 안셀무스는 이야기한다.

마찬가지로 인간도 다른 어떤 것에 의해서 빛(일자, 진리)의 인식으로 나아가는 것이 아니라 스스로가, 스스로로부터 빛(일자, 진리)으로 나아가야 한다는 것이다. 왜냐하면 빛이 빛으로 나아가는 길이자 빛 자체이듯이, 인간도 또한 마찬가지로 일자에게로 나아가는 길을 이미 알고 있으며, 또한 스스로 일자를 갖고 있기 때문이다. 말하자면 빛은 항상 빛을 발하고 있지만, 그 빛을 보는 것은 인간 정신에 달려 있다는 것이다. 진리는 언제나 어디에나 있지만, 일자로서의 진리를 인식하는 것은 인간의 정신에 달려 있다는 것이다.

안셀무스는 그의 작품에서 '빛'이라는 개념과 '진리로서의 빛' 혹은 '신(일자)으로서의 빛'이라는 표현을 자주 사용하고 있다. '빛'이란 개념은 플라톤이나 신플라톤주의 철학의 중심 개념일 뿐만 아니라, 근대 철학 특히 계몽주의 철학과 (독일) 관념주의 철학에서도 매우 중요한 개념이기도 하다.

'빛'이란 개념은 '빛의 형이상학(Lichtmetaphysik)'과 '빛의 상징주의(Lichtsymbolik)'라는 철학의 두 분야에서 중요하게 다루어지고 있다. 빛의 형이상학적인 관점에서 빛이란 진리나 신의 은유적인 표현으로, 즉 신 안에서, 신으로부터 그리고 신에 의해서 모든 것이 정신적으로 드러나는 것을 의미한다. 이러한 '정신적인 빛(intelligible Licht)으로서의 신'이란 변화하지 않는 무한한 존재이고, 진리이며 또한 선(bonum)을 의미한다. 정신적인 빛은 스스로의 말씀(verbum, logos)에 의해서 드러나며, 삶(vivere)과 통일(unitas, 일치)을 부여하며, 모든 것을 스스로에게로 나아가게 한다. 이러한 정신적인 빛은 모든 존재자들의 근거이자 근원이며, 동시에 감각적인 빛의 근원이며, 그리고 내적이며 초월적인 빛인 것이다.

이러한 빛의 형이상학적인 관점과는 달리, 빛의 상징주의적 관점에서의 빛은 일종의 감각적인 상징(Symbol) 내지는 지시(Zeichen)를 뜻하고, 이러한 것은 자기 스스로를 넘어서 정신적인 것, 신적인 것을 드러내며 표명하는 것이다. 이것이 의미하는 바는 빛의 형이상학에서는 정신적이고 신적인 세계가 빛을 통해서 위로부터 현상으로 하향하는 의미를 갖는데 반해서, 빛의 상징주의적 관점에서의 '감각적인 상징으로서의 빛'은 현상에 있는 감각적인 사물의 상징을 통해서 정신적이고 신적인 것으로 상승하는 것을 의미한다. 이러한 경향은 특히 신비주의 철학에서 주요하게 나타나는 특징이기도 하다.

안셀무스에게 빛이란 엄밀한 의미에서 인식 혹은 앎의 원리이다. 말하자면 보이지 않는 것을 보이게 하며 또한 인식하게 하는 원리를 의미하며, 이것을 통해서 보이지 않는 정신적 세계와 감각적으로 보이는 세계를 통일(일치)하고자 하는 것이다. 그리고 이 인식의 원리로서의 빛은 인간 정신 안에 있고, 그것을 스스로 깨닫는 것이 중요하다. 왜냐하면 그것을 깨닫는 것이 바로 일자로서의 진리 인식의 단초이며, 아울러 진리 인식 자체라고 할 수 있기 때문이다. 따라서 안셀무스의 빛이란 개념은 스스로 드러나는 조명照明(illuminatio)으로서의 진리이고, 그 진리는 이미 인간 정신에 존재하고 있으며, 따라서 인간 정신의 자기인식은 바로 일자로서의 진리 인식 자체와 같다고 할 것이다.

일자로서의 빛

안셀무스는 우선 빛과 진리를 일자인 신(deus)과 동일한 개념으로 사용하고 있다. 그래서 그는 다음과 같은 이야기를 한다. "만일 우리가 진리와 빛을 보았다면, 우리는 신을 본 것이다. 만일 우리가 신을 보지 못했다면, 우리는 빛과 진리를 보지 못한 것이다." 분명 안셀무스에게 빛은 일자로서의 신과 동일한 본질을 가지고 있다. 말하자면, 일자가 스스로로부터 그리고 스스로에 의해서 존재하듯이, 빛 또한 스스로로부터 그리고 스스로에 의해서 비친다는 것이다. 그는 계속해서 다음과 같이 이야기한다. "빛은 다음과 같은 방식으로 진술할 수 있을 것이다. 빛은 빛을 발하는데, 그 빛은 자기 스스로에 의해서 그리고 자기 스스로로부터 나오는 것이다. 빛과 비침(lucet) 그리고 비치는 것(lucens)이 서로 상호 작용 속에 있듯이, 본질(essentia)과 존재(esse) 그리고 존재자(ens)도 그 속에 있으며, 이것은 존재자(existens)와 존재하는 자(현존재자, subsistens)를 의미한다. 그러므로 최고의 본질과 최고의 존재 그리고 최고의 현존재자는 빛과 비침 그리고 비치는 것과 동일한 의미를 갖는다."

안셀무스는 이러한 빛의 기본 구조로서의 '스스로에 의한 존재'를 계속해서 진리나 신에 빗대어 은유적으로 표현하고 있다. 그는 가장 유명한 그의 저서인 『프로슬로기온』에서 '빛으로서의 신'이란 표현을 사용하고 있다. 일자로서의 신은 빛이고, 신은 우리의 눈으로 볼 수 없는 빛이라고 한다. 또한 안셀무스의 작은 대화편으로서 그의 철학 전체를 함축하고 있는 『진리론』에서도 유사한 표현이 나온다. "악을 행하는 자는 빛을 싫어하는 자며, 진리를 행하는 자는 빛에 다가서는 자이다." 그러므로 안셀무스에게 빛은 일자나 진리와 동일한 의미를 갖는다고 이해할 수 있다.

안셀무스는 빛에 관한 또 다른 측면, 즉 인간 정신과의 관계에서 빛이 갖는 의미에 대해서도 이야기를 한다. "아주 명백한 것은, 이성적인 정신은 훨씬 더 스스로의 인식으로 나아가야 하며, 훨씬 더 열정적으로 스스로를 알고자 해야 하며, 스스로의 빛에 의해서 훨씬 더 스스로를 직관해야 한다." 이러한 안셀무스의 진술에서 볼 때, 빛은 더 이상 진리나 일자로서의 신만을 의미하는 것이 아니라, 인간 이성, 즉 인간의 정신으로 진리나 일자를 인식할 수 있다는 것도 의미한다. 말하자면 빛은 최고 진리의 인식 능력을 뜻하기도 한다는 것이다.

그러나 안셀무스에게 이성은 단순히 최고 진리를 인식하는 인간의 정신적 인식 능력이 아니라, 훨씬 더 큰 의미를 갖는다. 말하자면 이성은 정신 안에서 스스로의 반성을 통한 자기 인식에 도달함으로써 진리 자체가 될 수가 있다는 것이다. 그러므로 이 경우에서 빛은 단지 진리의 인식 능력일 뿐만 아니라, 진리 자체를 뜻하기도 한다. 그래서 안셀무스는 다음과 같이 이야기한다. "이성의 자연적 빛과 스스로에 의해서 그리고 자신 안에서 진리를 인식하는 그러한 것으로서의 영원한 신적인 빛으로부터 우리의 정신으로 나아가는 빛으로 구분이 가능하며, 그러한 빛(후자의 빛)이 우리의 정신에 발하고 있고, 동시에 우리가 그러한 빛의 발함을 파악하는 한, 그러한 빛은 변화하지 않는 진리이며 최초의 원리 자체로 이해될 수 있다."

인간과 일자의 통일로서의 빛

안셀무스는 빛을 인간 정신 스스로의 사유에 의해서 가능해진 인간과 일자의 통일이 드러난 것으로 생각한다. 빛으로서의 통일은 '유사함' 그리고 '다수'와 '하나'가 동일하다는 구조 속에서 나타난다. '유사함'의 구조 안에서의 통일이 의미하는 바는 빛이 단지 정신적인 존재하고만 부합된다는 것이다. 왜냐하면 안셀무스에게 '유사함'은 인간 정신으로 도달할 수 있는 최고점 내지는 최고의 존재이기 때문이다.

유사함에 대한 인간 정신의 사유는 절대로 감각적인 표상이나 감각적인 행위와는 관련을 맺지 않는다. 유사함은 단지 인간의 정신적이며 내면적인 영역하고만 관계를 한다. 인간은 단지 정신적인 영역에 의해서만 유사함에 도달할 수 있으며, 진리나 일자를 인식할 수 있다는 것이다. 왜냐하면 유사함이란 인간에게 진리와 다르지 않기 때문이다. 감각적인 능력에는 진리를 인식할 수 있는 자발적인 힘이 없다. 그래서 인간의 감각적인 능력은 유사함이나 진리와는 무관하다고 볼 수 있다. 이러한 유사함에 대한 사유가 갖는 특징은 특히 빛에 대한 안셀무스의 견해에서 분명하게 나타나고 있다.

안셀무스에 따르면 빛은 이중적인 의미를 지니고 있다. 말하자면 '진리 자체로서의 빛'과 '유사함이라는 의미에서의 진리 인식 능력으로서의 빛'이 그것이다. 진리 자체로서의 빛은 신적인 존재인 일자에 상응하는 것으로서, 신적인 존재에서는 인식하는 것과 인식되는 것 그리고 빛과 비쳐지는 것이 서로 다르지 않고 동일하다. 왜냐하면 빛은 자기 스스로 드러나는 것이기 때문이다. 이러한 빛의 자기 드러남(Selbstmanifestation)은 모든 것의 근거로서, 스스로를 드러내며 또한 동시에 정신적인 빛의 확고한 원천이다.

안셀무스는 진리 혹은 신의 자기 드러남 그리고 자기 비춤으로 파악하고자 한다. 그러나 고유한 의미에서의 진리로서의 빛은 우리에게 보이지 않는다. 왜냐하면 진리로서의 빛은 인간의 능력으로는 도달할 수 없고 또한 볼 수도 없기 때문이다. 그래서 안셀무스는 다음과 같은 말을 한다. "참으로 나는 빛을 볼 수 없다. 왜냐하면 그것은 나에게 너무 강하기 때문이다. 그러나 나는 빛을 통해서 내가 보는 모든 것을 본다. 내 오성으로는 빛에 다가갈 수 없다. 빛은 너무 강하고, 내 오성은 빛을 알 수 없고, 내 영혼의 눈은 오랫동안 빛을 바라볼 수 없다."

빛은 스스로 나와서 우리에게 내려온다. 빛의 하강은 빛의 본질이 약화됨을 뜻하는 것이 아니라, 우리 인간에게 내려진 신의 선물(data dei)을 의미한다. 따라서 우리가 진리에 도달하기 위해서는 이성을 통해서 이러한 빛을 받아들여야만 한다. 여기서 인간 이성은 마땅히 받아들여야 할 것을 받아들이는 (accipere) 인간 정신의 최고 능력을 의미한다.

신의 선물이라는 개념은 특히 위 디오니시우스 아레오파기타Dionysius Areopagita의 사상에서 잘 나타난다. 위 디오니시우스 아레오파기타에 따르면, 모든 선물은 빛의 비쳐짐이며, 신은 빛의 아버지라고 한다. 신적인 빛의 비침은 스스로 모든 피조물들에게로 나아가고, 또한 동시에 우리 인간을 인간 근원인 신으로 돌아가도록 한다는 것이다. 그래서 그는 "마치 빛이 아버지(신)로부터 아래로 내려오듯이, 모든 선한 선물과 완전한 선물은 위로부터 아래로 내려온다"라고 이야기한다. 그리고 그는 또한 신이 비추는 빛은 우리 인간을 다시 신으로 향하게 하여, 인간 자신에 머무르고 있는 신의 모습을 일깨우고, 신과 일치하게 한다고 주장한다.

빛이 인간 정신에 내려오고 그것을 인간 정신이 받아들인다는 것은 다음과 같은 의미를 갖는다. 말하자면 빛이 인간 정신에 내려오는 것은 신이 주는 은총(gratia dei)으로서의 선물이므로 인간의 의지와는 무관하다고 할 수 있다. 즉, 빛은 인간이 원하거나 그렇지 않거나 관계없이 인간에게로 내려오고, 또한 빛을 비춘다.

그리고 또한 인간 정신이 빛을 받아들인다는 것은 이미 인간 정신에 내려와서 머물고 있는 빛을 보려고 노력하는 것을 의미한다. 즉, 자신에게 일자로서의 진리가 존재하고 있음을 인정하고, 그것을 스스로 인식하고자 하며, 인간 정신이 스스로의 인식, 즉 자기인식에 도달하는 것을 의미한다. 그래서 일자란 보고자 하는 자만이 볼 수 있고, 그렇지 않는 자는 결코 볼 수 없다. 자기 스스로를 알고자 하는 자는 어둠에서 벗어나서 밝은 진리(빛, 일자)를 인식할 수 있다.

13세기의 대표적인 플라톤주의자인 성 보나벤투라도 빛은 인간의 내면성에 존재하고 있으며, 그러한 빛은 모든 인식에 선행하면서, 그것과 더불어 인식을 가능하게 하는 것이라고 한다. 말하자면 이것은 '진리'가 각각의 진리들에 공통적인 본성으로 근저에 있음을 의미하는 것과 같다. 이러한 내면적이고 공통적인 본성으로의 인식이 조명(illuminatio)인데, 이것은 주체가 자기 스스로의 반성을 통해서 스스로의 인식 대상이 되며, 이러한 인식 대상을 내면적인 빛을 통해서 파악하는 것을 의미한다. 모든 것을 비추는 진리의 빛(lux veritatis)은 단지 진리를 인식할 수 있는 주체의 자기 확신 안에 주어진다는 것이다.

이렇듯 어둠 속에서 자신에 내재하고 있는 빛(일자, 진리)을 찾는 것이 인간 정신에 주어진 과제이며 또한 안셀무스가 빛의 개념과 더불어서 답변을 찾고자 시도한 문제이다. 빛이나 일자 그리고 진리는 인간 정신에 존재한다. 그러나 인간은 그것을 아직 의식하지 못하고 있다. 왜냐하면 인간들은 우매하며 어둠 속에 머물고 있기 때문이다. 그래서 인간은 우매함과 어둠으로부터 벗어나서 인간 정신 스스로가 밝은 진리를 찾고자 노력을 해야만 한다는 것이다.

빛으로 나아가는 것은 인간 정신이 스스로를 알고자 할 때 비로소 가능하다. 또한 인간 정신이 스스로를 인식했을 때, 즉 자기인식에 의해서 인간 정신은 어둠에서 빛으로 나아갈 수가 있다. 빛은 인간이 살고 있는 모든 영역에 비치고 있다. 그러나 인간은 그러한 빛을 감각의 눈으로는 볼 수 없다. 단지 인간 내면의 눈인 이성과 더불어서 빛의 발함을 볼 수 있고 또한 인식할 수 있는 것이다.

이러한 빛, 즉 자기인식을 통한 일자의 인식에 대한 안셀무스의 열망은 다음의 기도에서 잘 나타나 있다.

저는 신의 빛으로 올라가려고 노력합니다. 또한 저의 어둠으로 돌아가려고 시도합니다. (중략) 제가 당신에게로 다시 나아갈 수 있도록 하소서! 저를 정결하게 하시고, 치유하시고, 명석하게 하시어 제 정신의 눈을 빛나게 하소서! 그리고 그것과 더불어 당신을 보게 하소서! 저의 영혼에 당신의 힘을 불어넣어 모으게 하시고, 그 영혼이 오성(정신)의 힘과 더불어서 다시금 당신을 바라보게 하소서! 오, 주여!

삼위일체론적 사유

안셀무스의 삼위일체론적 사유는 그의 사상적 스승인 아우구스티누스의 삼위일체론에 많이 의존하고 있다. 그래서 삼위일체론적 사유의 주된 내용은 아우구스티누스와 마찬가지로 인간 정신의 자기반성 또는 자기사유라고 할 수 있다. 말하자면 신의 모상(imago dei)으로서의 인간 정신이 원형인 신에 대해서 사유하고 자기반성을 하는 것이다.

안셀무스는 『모놀로기온』에서 '삼위일체'에 대해 다음과 같이 이야기한다. "만일 창조된 모든 것들 중에서 정신만이 스스로를 **기억**하고 **인식**하고 **사랑**할 수 있다면, 모든 창조물 가운데서 자신을 기억하고 인식하며 사랑한다는, 즉 말로는 표현하기 힘든 삼위일체의 본질의 가장 참된 모상이라는 점이 부정된다고는 생각할 수 없다. 또는 정신은 스스로를 기억하고 인식하고 사랑함으로 인해 훨씬 더 진리의 참된 모상이 된다." 이러한 안셀무스의 표현에 따르면, 인간 정신이 다수성, 즉 다양한 개별 대상들을 통일하는 능력을 본래 갖고 있다는 것이다.

그리고 인간 정신을 통일하는 기능이 안셀무스에게서는 '유사함'이라는 개념으로 나타나고 있다. 유사함이란 인간 정신의 자기 분석에 의해서 가능한 자기인식으로 생각할 수 있다. 또한 인간이 도달할 수 있는 최고의 지점이며, 그곳으로부터 진리를 인식하고 기억하며 사랑할 수 있는 지점이기도 하다. 인간 정신은 단지 유사함 안에서만 자기인식과 일자로서의 진리에 도달할 수 있다는 것을 뜻한다. 그러므로 유사함이란 개념은 인간 정신과 진리인 일자의 일치를 의미한다.

유사함 안에서의 정신의 통일 기능은 안셀무스에게 일치(통일)의 원리인 이성(ratio, mens rationis)이라는 개념과도 연관을 갖는다. 더 정확히 말하자면, 인간 정신은 이성적 능력에 의해서 자기인식 내지는 일치(통일)에 이를 수 있다는 것이다. 따라서 인간 정신은 이성적 정신(mens rationis)을 의미하며, 이성적 정신으로 일자로서의 진리와 유사함이라는 개념을 인식한다는 것이다. 이성적 정신만이 유일하게 일자인 진리를 인식할 수 있으며, 아울러 신, 즉 일자의 참된 모상으로서의 유사함을 인식할 수 있다는 것이다.

이성은 정신 안에서 기능을 하며, 따라서 정신은 이성의 활동장活動場이라고도 할 수 있다. 그러나 이것은 이성을 정신의 하위개념으로 파악하고자 하는 것이 아니다. 반대로 이성은 정신을 이끄는 개념이다. 정신은 이성적 합리성(rationalitas)에 의해서 자기인식으로서의 진리에 도달할 수 있으며, 그것으로부터 신적인 일자의 세계로 상승할 수가 있다. 이성이란 안셀무스에게는 분명 인간 정신이 지니고 있는 최고의 능력이며, 정신은 이성의 기능, 이성의 동반 작용 없이는 결코 신적인 것으로 나아갈 수 없다. 그러므로 인간과 신의 통일은 이성적 정신에 의해서만 이루어질 수 있다는 것이다.

안셀무스에게 이성은 일치(통일)의 능력이며, 인간 정신의 최고 능력이다. 이성은 인간 정신을 자기의식과 자기인식으로, 결국에는 최고의 진리로 이끈다. 그래서 안셀무스는 "이성적 정신은 스스로를 **기억**할 수 있고, **인식**할 수 있으며, **사랑**할 수 있고, 모든 것들 중에서 가장 좋은 것이며, 최고의 것이다"

라고 이야기한다. 이성은 일자로서의 진리 인식이 가능한 능력이기보다는, 더 강한 의미를 갖는다고 할 수 있다. 말하자면 진리 인식만을 위한 능력이라고 할 수 있다.

이러한 의미에서의 이성은 결국 진리와 다를 바가 없는 진리 자체를 의미할 수도 있을 것이다. 왜냐하면 진리 혹은 자기인식은 이성으로 완성해야만 하기 때문이다. 따라서 진리 인식으로서의 자기인식을 위한 이성의 기능이나 이성의 자기완성은 인간이 지속적으로 구하고 있는 진리 자체와 다를 바가 없다.

인간 정신의 자기반성은 이성에 의해서 스스로의 완성에 도달하는데, 안셀무스는 자기반성을 하는 이성의 기능에 의해서 아우구스티누스로부터 영향을 받은 그의 삼위일체론을 더 확고히 하고자 한다. 아우구스티누스의 삼위일체론이 인간 정신 혹은 인간 의식의 자기분석이었던 것과 같이, 안셀무스의 삼위일체적 사유 또한 인간 정신의 자기분석이라고 할 수 있다. 그러나 안셀무스는 그의 스승의 삼위일체론을 단순히 받아들이지는 않았고, 인간 정신의 이성적 합리성을 강조하므로써 스승의 이론을 더 발전시켰다. 안셀무스의 이성이란 단지 신인식의 전제일 뿐만 아니라, 총체적인 인간 인식의 전제이기도 하다.

인간은 방법론적으로는 신에게 직접 나아갈 수는 없지만 우리에게 내재하는 신의 개념을 이해할 수는 있을 것이다. 그리고 안셀무스는 우리가 자기인식에 이르는 한, 우리가 알 수 있는 신의 개념과 신 자체는 일치한다고 본다. 왜냐하면 우리의 자기인식은 신과 가장 근접한 접근일 뿐만 아니라, 신 자체의 현존성이기 때문이라는 것이다. 그래서 안셀무스는 인간 안에서 최고 진리로서의 신개념의 내적 현존성, 즉 인간 정신에 존재하는 신은 단지 이성으로만 인식할 수 있으며, 인간은 이성 없이는 절대로 그것을 **기억**하지도 **인식**하지도 그리고 **사랑**할 수도 없다고 생각한 것이다. 그리고 이성이 없다면, 인간은 인간일 수 없으며, 따라서 이성은 인간의 본질 혹은 고유한 특징이다.

안셀무스의 삼위일체론(통일론)은 인간 정신의 자기반성이며, 동시에 이성으로 일자 또는 선(bonum)을 구하는 것으로 이해할 수 있다. 이성은 통일의 원리이며, 다수성에서 단일성을, 다양성에서 동일성을 그리고 선하지 않은 것에서 선을 분별하는 것이다. 이성이란 안셀무스에게는 일치(통일)에 대한 근원적인 노력이며, 다수성과 다양성이 존재하는 곳에서 공통적인 것인 일자, 즉 그의 『모놀로기온』에서 이야기하고 있는 신논증 혹은 일자에 대한 논증(unum argumentum)의 핵심 개념이다.

일자 혹은 선은 신플라톤주의자들과 마찬가지로 안셀무스의 삼위일체론의 출발점이다. 인간은 본성적으로 일자를 찾고자 하며, 외부적인 것으로 향하지 않으며, 항상 우리의 내면을 향하고 있다. 왜냐하면 일자는 우리의 외부에 있는 것이 아니라, 우리 내면에 머물고 있기 때문이다. 이러한 인간 정신의 내면에 존재하는 일자를 자기인식으로 찾고자 하는 것이 바로 안셀무스의 삼위일체론적 사유가 갖는 특징이다.

삼위일체론적 사유의 틀로서 기억, 인식, 사랑

일자로서의 진리를 인식하는 과정에 대한 논의는 '기억(memoria)' '인식(intelligentia)' 그리고 '사랑(amor)'이라는 개념들에 대한 논의이다. 왜냐하면 이성이란 기억과 인식 그리고 사랑의 운동을 일치하는 능력이며, 또한 이성은 이러한 운동에 의해서 일자로서의 진리를 인식할 수 있기 때문이다. 안셀무스는 다음과 같이 '삼위일체'에 대해서 이야기한다. "최고의 본질에 대한 **기억**은 완전히 그것의 **인식**과 **사랑** 안에 있다. 그리고 인식은 기억과 사랑 안에 있으며, 사랑은 기억과 인식 안에 있다. 최고의 정신은 그의 모든 기억을 인식하며 사랑한다. 그리고 최고 정신의 모든 인식은 기억되며, 그는 그것을 완전히 사랑한다. 최고 정신의 모든 사랑은 기억되며, 그것을 완전히 인식한다."

이 세 가지의 개념들은 본질적으로 서로 다르지 않다. 그것들은 서로 상호 관계를 맺고 있으며, 결론적으로 모두가 동일하다. 개념들의 이러한 관계 안에 일자나 선에서 생겨나 다시 일치(인간과 신의 일치), 즉 인간 정신이 신인식으로 귀환하는 안셀무스의 삼위일체론이 놓여 있다. 이러한 맥락에서 안셀무스는 삼위일체를 다음과 같이 이야기한다. "이러한 세 가지의 개념들은 각기 최고의 본질이며 최고의 지혜이다. 그리고 이러한 최고의 본질이며 최고의 지혜는 스스로 기억하고 인식하며 사랑한다. 또한 기억하고 인식하고 사랑하기 위해서, 이 세 가지의 개념들 중에 그 어떤 것도 필연적으로 다른 것을 필요로 하지 않는다. 왜냐하면 각 개념들은 본질적으로 기억일 뿐만 아니라 인식 그리고 사랑이며, 항상 최고의 본질이 필연적으로 내재하고 있기 때문이다."

안셀무스에게 기억이란 아우구스티누스와 마찬가지로 인간 정신의 능력이다. 기억이란 망각된 것을 파악하고, 다시 기억하고, 현재화하는 능력, 즉 되돌아보는 인식 능력이다. 일반적인 의미에서 기억이란 이전의 것을 감지하는 것이지만, 안셀무스의 기억은 단순히 이전의 것이나 과거에 대한 생각이 아니라, 그것을 넘어서 현존하는 것이나 현재에 대한 생각을 의미한다. 기억은 단순히 기억력을 의미할 뿐만 아니라, 인간의 자기의식의 완성을 뜻한다. 기억은 인간의 내면과 관계를 하며, 인간 내면의 반성에 의한 자기인식에서 완성을 이룬다. 그래서 안셀무스는 "우리가 사물에 대해서 생각을 한다는 것은 그 사물에 대해서 기억을 하는 것이며, 이것은 정신 안에서 사물과 말을 하는 것이다"라고 이야기한다. 그러므로 기억은 인간 정신의 자기의식이며, 인간 스스로의 완성이며, 일자로서의 진리 자체를 의미한다고 하겠다.

인식 또한 안셀무스에게는 인간 정신의 능력이다. 그의 인식은 두 가지의 의미를 지닌다. 첫째 의미는 인식의 고유한 의미로서 단지 외적인 사물들과의 관계에서의 능력을 뜻한다.

말하자면 인식이 인간 정신 안에 있는 외적인 사물들을 파악하고 종합하는 것을 뜻한다. 그러나 이러한 인식은 이성과는 달리, 확실한 인식이 아니며 많은 오류를 범할 수 있는 것으로 파악한다. 또한 이러한 인식은 다양한 현상에 존재하는 사물들을 파악할 수는 있으나, 보이지 않는 일자의 세계, 즉 진리를 파악할 수 없는 능력으로 이해한다.

이러한 의미는 현상에 있는 사물을 파악하고 통일하는 능력인 칸트의 오성(Verstand)이란 개념과 동일한 의미라고도 생각할 수 있다. 칸트에 따르면, 오성은 필연적으로 감성(Sinnlichkeit)과 관계를 하며, 오성과 감성은 서로 간에 상호적으로 연관된다. 칸트는 오성과 감성의 관계를 다음과 같이 이야기한다. "감성 없이는 우리에게 아무런 대상이 주어질 수 없으며, 오성 없이는 아무것도 생각할 수 없다. 내용 없는 사고는 공허하며, 개념 없는 직관은 눈먼 것과 같다." 칸트의 오성은 감성 안에서 작용하며, 감각적 세계 안에서의 규칙이나 질서를 종합한다. 안셀무스가 생각하는 인식도 이와 같이 단지 감각적이고 외적인 사물들을 통일하는 능력이며, 감각적인 사물들과는 직접적인 연관을 갖지 않는 이성적 의미와는 다르다. 즉, 이성의 개념과는 명백히 구분된다.

그러나 둘째 의미에서의 인식은 이성의 부차적인 개념으로 생각할 수 있다. 말하자면 이성이란 인간의 정신적 능력들 가운데 가장 우수한 능력이며, 인간을 일자와 통일하거나 일치하도록 이끄는 것이다. 그리고 인식도 이러한 완전한 통일로 이끄는 능력으로 볼 수도 있을 것이다. 그러나 그것은 오직 이성의 도움이 있을 때 가능할 뿐이다. 말하자면 인식은 이성의 주도 아래에 있으며, 아울러 이성에 종속되는 것이라 할 수 있다. 그래서 인식은 이성에 종속됨으로써 자기인식에 도달할 수 있으며, 이성과 더불어서 최고의 진리를 인식할 수 있으며, 일자인 신으로 나아갈 수 있다는 것이다.

안셀무스는 인식과 이성이라는 개념을 분명히 구분해서 생각하고 있다. 인식을 정신적 영역과 감각적 영역의 중간 내지는 매개점으로, 이성은 순수하게 내적이고 정신적인 영역으로 한정해서 생각하고 있다. 그러나 삼위일체론적인 주장에서 사용하는 인식이라는 개념은 이성이나 이성적 정신과 동일한 의미라고 할 수 있다. 왜냐하면 안셀무스의 삼위일체론은 전혀 감각적인 세계와는 관계하지 않는 것이고, 그의 삼위일체론은 자기분석, 자기반성이기 때문이다. 따라서 인식은 자기인식으로 간주할 수 있다.

안셀무스의 '사랑'이라는 개념 또한 아우구스티누스와 마찬가지로 일치의 능력이다. 더 정확히 말하자면, 사랑이란 기억과 인식이라는 개념이 통일되는 점, 즉 일치점이라 할 수 있다. 기억과 인식은 사랑 안에서 일치한다. 사랑 안에서 기억과 인식의 일치는 진정한 인간 정신의 목적이며 완성인 것이다.

인간의 완성으로서의 사랑은, 이미 여러 차례 이야기했듯이, 인간이 일자와 일치하는 점으로서의 유사함이라는 개념과 일치한다. 사랑이라는 개념 없이는 기억과 인식은 필요 없으며 쓸데없는 것이다. 어떠한 사물도 그것에 대한 기억과 인식 없이는 사랑할 수 없고, 사랑할 수 없는 것은 절대로 기억되거나 인식될 수 없다.

안셀무스의 사랑은 아우구스티누스와 마찬가지로 일자 인식의 전제이며, 동시에 신神인식 그 자체이다. 말하자면 사랑 없이는 신인식도 없고, 반대로 신인식 없이는 사랑 또한 없다는 것이다. 따라서 사랑은 감각적 세상에 살고 있으나 정신적인 세계로 상승 또는 귀환하려고 하는 인간의 완성이며, 동시에 최고의 진리이며 최고의 선인 것이다. 그래서 안셀무스는 "사랑은 최고의 지혜이며, 최고의 진리이며, 최고의 선이며, 아울러 최고 정신의 실체"라고 하는 것이다.

지금까지의 논의에서 알 수 있듯이 안셀무스의 삼위일체론은 엄밀한 의미에서는 신론神論이 아니라, 인간 정신의 의식이론意識理論이다. 그의 삼위일체론은 인간의 근원에 대한 질문이며, 동시에 그에 대한 답변이기도 하다. 안셀무스는 인간의 근원 내지는 인간의 자기인식을 삼위일체론적인 사고의 형식에서 구하려고 했으며, 인간의 근원이 인간의 외부 세상이나 인간에서 벗어나 있는 어떤 곳에 있다고 생각하지 않고, 인간 정신 자체 안에 있다고 생각했다. 그래서 그는 인간의 근원을 찾기 위해서 자기 스스로를 반성할 수 있는 원리가 필요하다고 생각했다. 그리고 그러한 원리를 삼위일체론적인 모습 안에서 드러나는 인간의 정신적 능력들, 즉 기억과 인식 그리고 사랑이라고 보았다.

안셀무스가 끼친 의미와 영향

안셀무스의 사상적 가치는 무엇보다도 신앙에만 의존해온 시대의 흐름에 이성이라는 커다란 선물을 가져다주었다는 점에 있다. 그러한 점은 그의 사상 전반에서도 나타나지만, 특히 '신앙과 이성의 문제'와 '존재론적 신증명'에서 뚜렷하게 나타난다. 이성만으로 신앙적인 것, 말하자면 신을 증명하고자 한 그의 논증 방법에서 나타나는 독창성은 오늘날까지도 많은 사상가들로부터 경탄과 지지를 받고 있다.

안셀무스는 또한 고대 그리스의 사상과 그리스도교 교부 철학 그리고 중세 스콜라 철학을 이어주는 대표적인 사상가로서 중요한 인물이다. 대표적인 중세 사상의 연구가로서 정평이 있는 그라프만M. Grabmann은 그를 "교회 교부들 중 마지막

사람이며 스콜라 철학의 첫째 인물"이라고 평가했다. 이러한 말은 결국 그의 사상이 이전의 그리스 철학을 종합하고 그것을 바탕으로 해서 후대의 철학, 즉 신학을 이성의 합리성으로 체계 있게 정립하는 스콜라 철학을 철저하게 준비하고 있다는 것을 의미한다. 실제로 안셀무스는 신앙적인 요소들을 이성을 사용하여 해명함으로써 당시의 그리스도교 신학을 진정한 의미의 학문으로 바꾸어 놓은 최초의 인물이다. 안셀무스로 인해 이제 신학은 더 이상 도그마나 성서에만 의존하지 않고, 이성적인 합리성을 기반으로 하는 학문이 되었다. 이러한 이성의 합리성에 기반을 두는 안셀무스 철학의 특징이 선명하게 나타나는 것이 바로 13세기에 전성기를 구가한 스콜라 철학이다. 따라서 그를 '스콜라 철학의 아버지'라고 부르는 것은 타당하다고 할 수 있다.

안셀무스는 오랜 기간 동안 주로 베네딕트 수도회 안에서만 그 명성이 알려져 있었다. 안셀무스 연구가들에 따르면, 안셀무스의 친구들과 제자들이 그의 저작에 심취하여 열성적으로 연구했지만 학파를 구성하지는 않았다고 한다. 또한 그 당시 수도사들 사이에 사상적으로 큰 영향을 끼쳤는데도, 12세기의 스콜라 철학에서 그의 사상적인 입지는 약했던 것으로 보인다. 그러다가 13세기 무렵에 와서야 어느 정도 그의 작품이 연구되었으며, 17세기 후반에 들어와서야 활발하게 연구되었다. 특히 교황 이노센트 11세는 로마에 안셀무스의 사상을 전문으로 연구하는 일종의 연구소를 만들었으며, 그러한 분위기에 편승해서 안셀무스 작품에 대한 주해서들이 어느 정도 나오기 시작했다. 그러나 아무래도 안셀무스의 사상에 대한 연구는 토마스 아퀴나스 등에 비해서 활발하게 진행되지는 않았던 것으로 보인다. 그 단편적인 예가 안셀무스의 사상을 전문으로 연구하는 연구소에서조차 토마스 아퀴나스의 사상이 안셀무스보다 더 중요하게 다루어졌다고 전해지는 일화이다. 그리고 오늘날에도 그의 사상을 전문으로 연구하는 학술 기관이 없다. 하지만 개신교 신학자들이 안셀무스의 사상을 비교적 많이 연구하고 있고 점점 더 관심이 고조되고 있다. 특히 개신교 신학자인 칼 바르트K. Barth가 안셀무스 연구에 많은 관심을 갖게 되면서, 안셀무스의 사상을 연구할 필요성이 더욱더 부각되었다. 물론 안셀무스의 전집을 편집하고 앞서서 연구해 온 슈미트 같은 가톨릭 사상가들도 있다.

안셀무스 사상에 가장 먼저 영향을 받은 철학자로는 보나벤투라와 일명 보나벤투라 학파로 부르는 브루게스의 발트(Walter of Brurges) 등을 들 수 있다. 보나벤투라는 토마스 아퀴나스와 더불어 13세기 중세 사상을 이끈 두 개의 축을 이루었던 인물이다. 말하자면 보나벤투라는 프란치스코 수도원의 대표자로서 그리고 토마스 아퀴나스는 도미니코 수도원의 대표자로서 당대의 사상을 대표하는 인물들이었다. 그중 보나벤투라는 안셀무스의 저작에 매우 심취했다고 전해지며, 안셀무스의 신증명을 받아들였다. 또한 안셀무스의 '진리로서의 빛'에 대한 논의가 보나벤투라 사상의 중요한 축으로 자리 잡고 있다. 보나벤투라의 제자인 브루게스의 발트도 그의 중요한 저서인 『정규토론』에서 다른 대 학자들보다 아우스티누스나 안셀무스의 사상을 더 신뢰한다고 주장했다. 보나벤투라와 브루게스의 발트 이외에도 대부분의 프란치스코회 사상가들은 안셀무스 사상을 받아들이고 있다.

특히 안셀무스의 사상은 스콜라 철학의 거두로서 '예리한 박사'라고 부르는 둔스 스코투스의 사상에 지대한 영향을 끼쳤다. 둔스 스코투스 또한 안셀무스의 '존재론적 신존재 증명'을 떠올리게 하는 표현을 사용, '만일 가장 높으신 존재가 가능하다면 그는 존재한다'고 주장했다. 그는 자신의 저작들에서 자주 안셀무스의 저작들을 인용하고 있다.

안셀무스의 사상은 근대의 철학자이자 수학자로 널리 알려진 데카르트와 라이프니츠 그리고 헤겔의 사상에도 큰 영향을 미쳤다. 뿐만 아니라 이성을 강조하는 독일의 관념주의 철학자 대부분이 직접적으로나 혹은 간접적으로 안셀무스 사상의 흐름 속에 있다고 할 수 있다.

참고문헌

Allers, R., 『Anselm von Canterbury』, 1938.

Anselm of Canterbury, 『The Major Works』, G. R. Evans / B. Davies (ed.), Oxford, 1998.

_____, 『Monologion』, trans. J. Hopkins, A New Interpretive Translation of St. Anselm's Monologion and Proslogion, 1986.

_____, 『Proslogion, trans』. J. Hopkins, A New Interpretive Translation of St. Anselm's Monologion and Proslogion, 1986.

_____, 『De veritate』, trans. J. Hopkins and Richardson, Anselm of Canterbury, vol. 2, 1976.

Eadmer, 『Vita Anselmi』. ed. and trans. R. W. Southern, 1962/1972.

Fischer, J., 『Die Erkenntnislehre Anselm von Canterbury』, 1911.

Hasse, F.R., Anselm von Canterbury, 2 Bde., 1843~1852 (재인쇄 Frankfurt/Main, 1966).

Kapriev, G., 『....ipsa vita et veritas. Der "ontologische Gottesbeweis" und die Ideenwelt Anselms von Canterbury』, 1998.

Kienzler, K., 『Glauben und Denken bei Anselm von Canterbury』, 1981.

Schmitt, F. S., 『Anselmi Cantuariensis archiepiscopi Opera omnia』, Vol. I~VI, 1938~1961.

Schoenberger, R., 『Anselm von Canterbury』, 2004.

Schurr, A., 『Die Begruendung der Philosophie durch Anselm von Canterbury』, 1966.

Shofner, R. D., 『Anselm Revisited』, 1974.

Southern, R.W., 『Saint Anselm』, 1990.

Stolz, A., 『Anselm von Canterbury』, 1937.

캔터베리의 안셀무스, 박승찬 옮김,『모놀로기온 & 프로슬로기온』, 아카넷, 2002.

안셀무스 기독교에 이성을 접목한 사상가

초판인쇄 2006년 11월 25일 | 초판발행 2006년 11월 30일
지은이 김영철
펴낸이 심만수 | 펴낸곳 (주)살림출판사
출판등록 1989년 11월 1일 제9-210호

주소 413-756 경기도 파주시 교하읍 문발리 파주출판도시 522-2
전화번호 영업·(031)955-1350   기획·(031)955-1370~2
          편집·(031)955-1362~3
팩스 (031)955-1355
이메일 salleem@chol.com
홈페이지 http://www.sallimbooks.com

ISBN 89-522-0585-5 04080
     89-522-0096-9 04080 (세트)

값 9,800원